Colección **DIVULGACIÓN CIENTÍFICA**, nº 23

EL MUNDO CLÁSICO EN EL ARTE DE LAS islas CANARIAS

EL MUNDO CLÁSICO EN EL ARTE DE LAS ISLAS CANARIAS

Antonio Ramón Navarrete Orcera

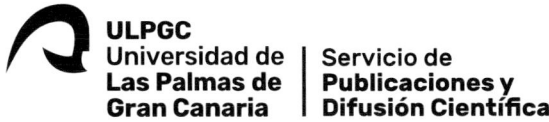

ULPGC
Universidad de
Las Palmas de
Gran Canaria | Servicio de
Publicaciones y
Difusión Científica

2025

NAVARRETE ORCERA, Antonio Ramón

El mundo clásico en el arte de las Islas Canarias / Antonio Ramón Navarrete Orcera. -- Las Palmas de Gran Canaria : Universidad de Las Palmas de Gran Canaria, Servicio de Publicaciones y Difusión Científica, 2025

184 p.; 22 cm. -- (Divulgación científica ; 23)

ISBN 978-84-9042-559-6

1. Clasicismo en el arte - Canarias 2. Arte – Canarias – Historia y crítica I. Universidad de Las Palmas de Gran Canaria, ed. II. Título III. Scric

7(649):7(37/38)

Thema: AM, AFKB, AFC, 1DSE-ES-E, 6GC, 6RR

Colección DIVULGACIÓN CIENTÍFICA, 23

Edita: ULPGC Ediciones. Servicio de Publicaciones y Difusión Científica
de la Universidad de Las Palmas de Gran Canaria

Primera edición: Las Palmas de Gran Canaria, 2025 [Reimpresión, 2026]
© del texto e imágenes: Antonio Ramón Navarrete Orcera
© de la edición: Universidad de Las Palmas de Gran Canaria
Servicio de Publicaciones y Difusión Científica

Imagen autorizada de la cubierta: *Apolo Musageta rodeado por las musas Talía y Melpómene,* *obra de Néstor Martín-Fernández de la Torre. Friso superior de la embocadura del escenario* *del Teatro Pérez Galdós. Fundación Auditorio y Teatro de Las Palmas de Gran Canaria.*

ISBN: 978-84-9042-559-6
eISBN: 978-84-9042-560-2
Depósito Legal: GC 116-2025

Diseño y maquetación:
Servicio de Publicaciones y Difusión Científica de la ULPGC
https://spdc.ulpgc.es; serpubli@ulpgc.es

Impresión: Advantia Comunicación Gráfica, S.L.
Impreso en España. *Printed in Spain*

ÍNDICE

INTRODUCCIÓN

Ya desde la antigüedad grecolatina las Islas Canarias [fig. 1] han formado parte del imaginario colectivo europeo y de la geografía mítica. Numerosos mitos clásicos, en efecto, tienen como escenario las Islas Canarias; su ubicación en el extremo occidental, en el Océano Atlántico —el Océano por antonomasia—, y la benignidad de su clima las convertía en terreno propicio para la fabulación y la mitificación. Aunque no las colonizaron físicamente[1], las Canarias eran para los griegos las Islas de los Bienaventurados (*Makáron Nesoî*); los romanos, a su vez, las llamaban las Islas Afortunadas (*Fortunatae Insulae*); para otros, en fin, eran los Campos Elísios[2] o el Paraíso[3]. Aquí se situaban la Atlántida[4], el monte Atlas, las Amazonas[5] o las Gorgonas[6]. Aquí Hércules llevó a cabo uno de sus últimos trabajos[7] (buscando el Jardín de las Hespérides) y aquí Ulises desarrolló una de las aventuras más conocidas de su viaje (la del cíclope Polifemo[8]).

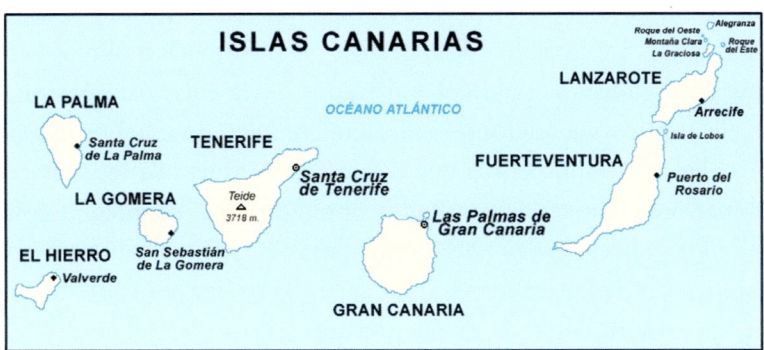

Fig. 1. Mapa de las Islas Canarias. Wikipedia

Tras la conquista de las islas[9] y su repoblación por europeos, las Canarias vuelven a cobrar protagonismo y son visitadas por navegantes, comerciantes, naturalistas o intelectuales, que plasman en crónicas sus observaciones y descubrimientos. Esta visión romántica perduraría hasta el siglo XIX. La presencia del mito en la historia y la literatura canarias ha sido ya tratada a fondo[10]. Faltaba, a nuestro parecer, estudiar la presencia del mundo clásico, en general, y del mito, en particular, en las diversas manifestaciones artísticas que, desde el Renacimiento hasta la actualidad, han ido conformando el aspecto y la idiosincrasia de las distintas ciudades del archipiélago[11].

Hemos estudiado *in situ*, hasta donde ha sido posible, sus monumentos, sus palacios, sus iglesias, sus museos, sus edificios públicos y privados, sus plazas y jardines. En cuanto a la metodología empleada, hemos distribuido el material obtenido atendiendo a las tres Bellas Artes por antonomasia: la Arquitectura, la Escultura y la Pintura, en capítulos independientes. Y dentro de cada uno hemos utilizado un criterio cronológico en la exposición de datos. La división global por siglos o estilos, en cambio, hubiera resultado algo artificial, cuando, por un lado, artistas y edificios cabalgan en muchas ocasiones entre dos épocas —sobre todo en los siglos XIX y XX— y el clasicismo del siglo XVI, por otro, sobrepasa sus límites cronológicos habituales y se prolonga hasta el siglo XVIII. La división geográfica por ciudades hubiera perdido, en parte, la visión de conjunto que dan las tres disciplinas artísticas citadas.

Concluimos con una amplia bibliografía[12], de la que damos cuenta en las numerosas notas a pie de página que acompañan al texto, y con tres índices temáticos. La consulta bibliográfica y la información obtenida directamente de organismos públicos y privados —vía entrevista personal, vía correo electrónico, vía teléfono— nos han completado muchos datos referentes a algunos monumentos que desde la península nos resultaba difícil de obtener. Los llamativos resultados obtenidos, que se pueden colegir a través de los índices finales (201 personajes[13], 97 artistas[14], 104 edificios[15]), nos compensan de los esfuerzos que ha supuesto llevar a cabo un estudio de este tipo. Ahora, con toda razón, podemos afirmar que el mundo clásico —y la mitología en particular— está presente desde el siglo XVI en el arte de las Islas Canarias, engrosando el atractivo —ya de por sí mítico— de estas islas, tan distantes y tan cercanas, tan atlánticas y tan mediterráneas.

Antonio Ramón Navarrete Orcera

Notas

1   La primera referencia geográfica a las Islas aparece en el geógrafo e historiador
griego Estrabón del s. I a.C. (*Geografía* I 1-5; III 2, 13). Según Plutarco (Vida
de Sertorio), el político y militar romano Sertorio, cuando regresaba de Mauritania a Hispania en el año 82-81 a.C., oyó hablar a unos marineros de Gades
de dos islas en el Atlántico a diez mil estadios de Libia, llamadas las Afortunadas.
Plinio, en el siglo I d.C., es el primer escritor antiguo (*Historia Natural* VI 37,
199-205) que identifica las islas Afortunadas con el Archipiélago Canario, des-
cribiéndolas como un naturalista y desmitificándolas; según él, Juba II bautizó
a una de las islas con el nombre de Canaria; la expresión en plural "Islas
Canarias" (*canarias insulas*) se debe al norteafricano Arnobio, en su obra *Contra
los gentiles* (en torno al año 300). Filóstrato, escritor griego del s. II d.C, ofrece
información del primer paisaje pintado de las Islas; en su obra *Imágenes* describe
las 65 pinturas que él ha contemplado en una casa de Nápoles; pues bien, sus
descripciones de las pinturas de una habitación, que llama "Islas" (II 17), coinciden con gran exactitud con el paisaje de las Islas Canarias (cf. Moffit 1991).
Desde el siglo V hasta el XIV aparecen numerosas alusiones a las islas en las
obras de geógrafos, historiadores y enciclopedistas. El primer dibujo de las islas
es obra de Angelino Dalorto o Dulcert (Mallorca, 1339).

2   Homero, en el siglo VIII a.C., es el primero que menciona los Campos Elíseos,
como residencia de los héroes inmortales, situada en los confines de la tierra y
caracterizada por su bonanza climática (*Odisea* IV 561-569). Un poco más tarde
Hesíodo (*Trabajos y Días* 167-173) le da carácter insular a este paraíso, hablando
de la edad de oro. Hacia el siglo V a.C. otro poeta griego, Píndaro, en su
Olímpica Segunda, hace a nuestras islas residencia no sólo de los héroes, sino de
las almas de todos aquellos que se han mantenido apartados de la injusticia y
la maldad. Horacio (*Epodos* XVI 41 ss.) en el s. I a.C añade el motivo del *locus
amoenus*.

3   Se trata de un tema de origen bíblico y oriental. Dios puso al hombre que había
modelado en un jardín en el Edén, palabra ésta última que significa "delicias",
de ahí que al paraíso se le llame también "Jardín de las Delicias". La nostalgia
del paraíso es universal en el inconsciente cultural humano. De contenido cristiano es la leyenda medieval celta de la isla de San Brendano o Brandán (abad
irlandés del s. VI, que junto a catorce compañeros recorre durante siete años
distintas islas del Atlántico, en una de las cuales había hallado el Paraíso), conocida más como isla de San Borondón, que se ve de vez en cuando y nunca
se halla si se la busca. Esta misteriosa isla está tan arraigada en el imaginario
colectivo canario que se la considera la octava isla del Archipiélago.

4   Esta isla la menciona por primera vez Platón en torno al año 335 a.C. en sus diálogos *Timeo y Critias*. Aquí reinaba Atlante, que en cierta ocasión intentó conquistar a los atenienses, pero fue derrotado y su isla hundida por grandes terremotos y cataclismos. Hoy la ubicación de la mítica Atlántida sigue siendo controvertida.

5   Como trasunto de las Amazonas, Vizcaya Carpenter (1960: 397) y Martínez Hernández (2002: 47) nos hablan de una reina de Lanzarote tan varonil y con tantas fuerzas que no había "quien la pudiesc sujctar cl brazo por la muñeca, por lo que nunca se quiso casar diciendo que no se sujetaría a hombre a quien no reconociese ventaja en el valor". Este personaje nos recuerda al de Atalanta de la mitología griega; la joven, criada en solitario en el bosque, afirmaba que sólo se casaría con quien fuera capaz de vencerla en la carrera, pero advirtiendo que mataría al que no lo lograse; tras haber dado muerte a varios pretendientes, Hipómenes consigue vencerla gracias a las tres manzanas de oro que le había regalado Afrodita, las cuales iba arrojando al suelo cada vez que iba a ser alcanzada, un tema muy representado en la pintura (cf. Navarrete Orcera 2005: 87-91, e "Índice de personajes mitológicos" en 2017a, 2017b y 2019).

6   Eran tres hermanas (una de ellas, Medusa) de aspecto monstruoso, que, según Hesíodo, vivían más allá del Océano, en los confines del mundo, próximas a la morada de la Noche, en unas islas llamadas Gorgades o Gorgadas, que estarían cercanas a las Canarias.

7   En un trabajo anterior, el décimo, debía robar los bueyes de Gerión, mítico rey de la isla Eritía, identificada con España. En recuerdo de su paso por Tartesos erigió las famosas Columnas de Hércules, una en el Peñón de Gibraltar y otra en Ceuta. Antes de conocerse las Canarias, estas columnas representaban el extremo occidente.

8   El ojo de Polifemo sería el cráter del Teide. Y las rocas que el cíclope arrojó al barco de Ulises, tras ser cegado, serían el equivalente a una erupción volcánica. Cf. Pillot 1976: 154-157 y 203.

9   En la conquista de las Islas Canarias, que duró casi un siglo (1402-1496), se pueden distinguir dos fases. En la primera Jean de Béthencourt, de origen normando, somete las islas de Lanzarote, Fuerteventura y El Hierro. En la segunda, bajo el reinado de los Reyes Católicos, se somete a Gran Canaria, La Palma y Tenerife. Las tres primeras ciudades creadas fueron Las Palmas en 1515, La Laguna en 1521 y Santa Cruz de La Palma en 1541.

10 V. las obras del helenista canario Marcos Martínez Hernández (1992, 1996, 2002), que estudian a fondo el imaginario canario grecolatino. Además de los textos clásicos, estas obras aportan las crónicas de la conquista y la poesía canaria.

11 El autor citado en nota anterior, Marcos Martínez Hernández (2002: 86), anima a los artistas canarios a incluir en sus obras cada vez más los temas míticos alusivos a su tierra.

12 Nos ha sido de mucha utilidad el Fondo Canario de la Biblioteca de la Universidad de La Laguna. Agradecemos a las bibliotecarias Verónica Salcedo y Beatriz Estévez su ayuda en la localización de los fondos. La Biblioteca de la Casa de Colón de Las Palmas también nos ha sido bastante útil.

13 78 son mitológicos; 87, alegóricos; 18, históricos; 18, aborígenes. Hemos incluido también los monumentos dedicados a personajes aborígenes o prehispanos, pues sus actuaciones en muchos casos se pueden parangonar con las de los héroes clásicos.

14 11 son arquitectos; 48, escultores; 39, pintores.

15 49 corresponden a Gran Canaria; 43, a Tenerife; 11, a las restantes islas.

CAPÍTULO I

ARQUITECTURA

I. ARQUITECTURA[16]

I.1. Siglo XVI

Salvo notables excepciones, desde la conquista del Archipiélago hasta mediados del siglo XVIII aproximadamente la arquitectura canaria se caracteriza por la ausencia de estilos y por la adopción de múltiples lenguajes e influencias, procedentes de una sociedad heterogénea, formada por conquistadores castellanos, andaluces, extremeños, portugueses, flamencos o genoveses. La subsistencia de arcaísmos es una característica propia de la arquitectura de esta época, en la que se pueden encontrar elementos góticos (como los contrafuertes) o mudéjares (como los artesonados) en pleno siglo XVIII[17]. Sin embargo, existen algunos ejemplos en los que se adoptaron lenguajes cultos; sobre todo, son edificios representativos de los poderes civil y religioso, en los que nos vamos a centrar aquí.

En torno a 1530 —los límites cronológicos no coinciden con los europeos— se introduce, de manos de la arquitectura[18], el primer Renacimiento en las islas bajo el nombre de "obra romana", aunque sus orígenes son hispanos. Dominan los **edificios religiosos**, cuyas capillas están decoradas con los típicos grutescos. Las portadas son de arco de medio punto, flanqueadas por columnas o pilastras[19] sobre pedestales y basas, con fustes diversos que mantienen el entablamento (a veces éste es completo: arquitrabe, friso y cornisa), y coronadas por el preceptivo frontón de base triangular. Señalamos algunos ejemplos religiosos: La Puerta del Aire[20] [fig. 2] de la Catedral de Las Palmas; las iglesias El Salvador[21] [fig. 3] o La Virgen de las Nieves[22] en Santa Cruz de La Palma[23]; San Marcos Evangelista[24] [fig. 4] en Icod de los Vinos;

Santa Ana[25] [fig. 5] en Garachico (Tenerife); Nuestra Señora de los Reme-dios[26] [fig. 6] en Buenavista del Norte (Tenerife); Nuestra Señora de Regla[27] [fig. 7] en Pájara (Fuerteventura); Santa María en Betancuria (Fuerteven-tura).

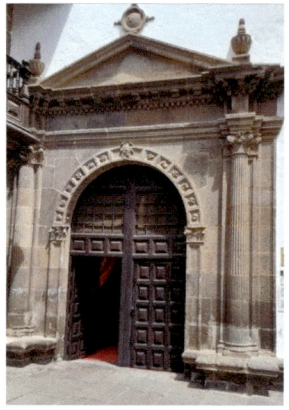

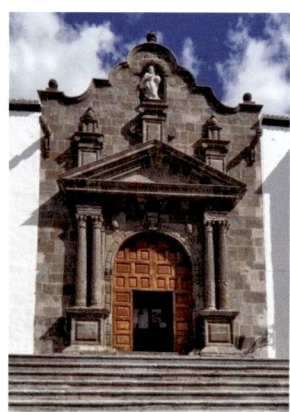

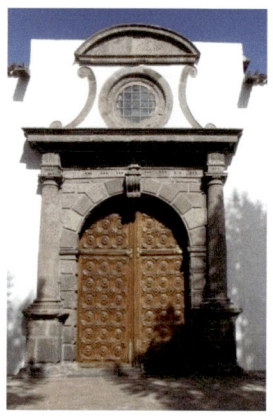

Fig. 2. Puerta del Aire (Catedral de Las Palmas)

Fig. 3. El Salvador, (Santa Cruz de La Palma)

Fig. 4. San Marcos (Icod de los Vinos)

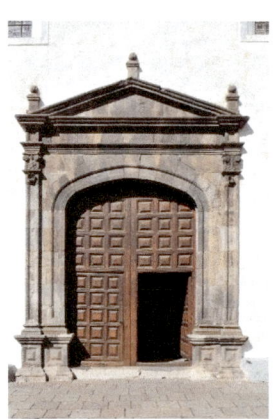

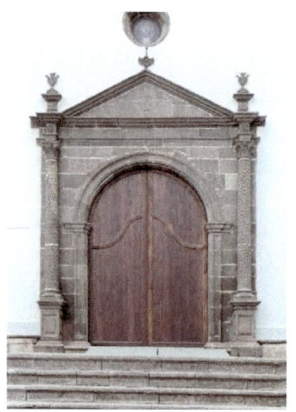

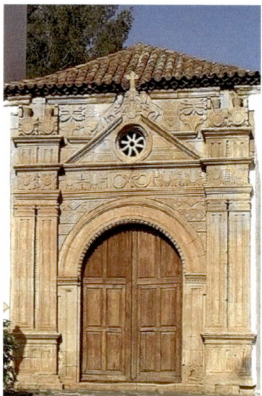

Fig. 5. Santa Ana (Garachico)

Fig. 6. Nª Sª de los Remedios (Buenavista del Norte)

Fig. 7. Nuestra Señora de Regla (Pájara)

De la iglesia El Salvador de Santa Cruz de La Palma queremos añadir la presencia de inscripciones en latín, tanto en el interior como en el exterior.

De ellas destacamos la que se sitúa en el primer cuerpo de su torre cúbica (encima de una ventana y en el interior de un frontón), compuesta en dísticos elegíacos y dedicada al obispo Diego de Leza (1554-1566), relacionando a la floreciente isla de La Palma con la antigua Roma, al representante de la Iglesia (el obispo Diego de Deza) con los Decios romanos y a los galos invasores con la Roca Tarpeya del Capitolio. Algunas partes de la inscripción están deterioradas y han sido objeto de distintas interpretaciones y reconstrucciones[28]: *TRES LEGIMUS DECIOS SE DEVOVISSE SALVTI / COMVNI[29], VT VICTRIX PATRIA ROMA FORET. / MIRA TRIVMPHANTVM DECORAT CAPITOLIA LAV / RO[30]. SIC SVA, SIC QUARTVS RELLIGIONE GREGEM. / CONVENIVNT PRESVL[31] DECIVS TARPEIAQVE CAVTES, / GALLICA PRO LAVR[O LI]LIA CLARA NITENT. / NOMINIS AUSPICIO AC INV[ITI]S[32] H[OSTIBVS AVCTA] / INCOLVMES CIVES VTRA[QVE PALMA FOVET].*

Se han hecho varias versiones[33] de este texto. Nosotros proponemos la siguiente: "Leemos que tres Decios[34] ofrendaron su vida por el bien común para que Roma fuera la patria vencedora. Así como el laurel de los triunfadores adorna su admirable Capitolio, así el cuarto [Decio] honra con la religión a su grey. Confluyen el obispo Decio y la roca Tarpeya. En lugar del laurel brillan los blancos lirios galos. Bajo el auspicio de su nombre, y acrecentadas por los enemigos[35] a su pesar, una y otra palma cuidan de los incólumes ciudadanos".

Los **edificios civiles**, por su parte, se caracterizan por el uso de columnas de órdenes jonio y corintio, por los relieves con rostros en perfil e, igualmente, por los grutescos, como la Casa del Corregidor de La Laguna[36] (1540-1545) [fig. 8], la Casa Moxica-Matos de Las Palmas o el Ayuntamiento[37] de Santa Cruz de La Palma (1559-1567) [fig. 9], que a continuación vamos a estudiar en detalle.

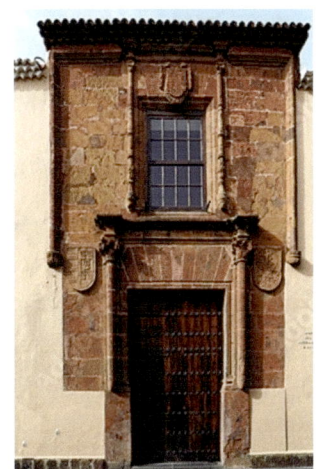

Fig. 8. Casa del Corregidor (La Laguna)

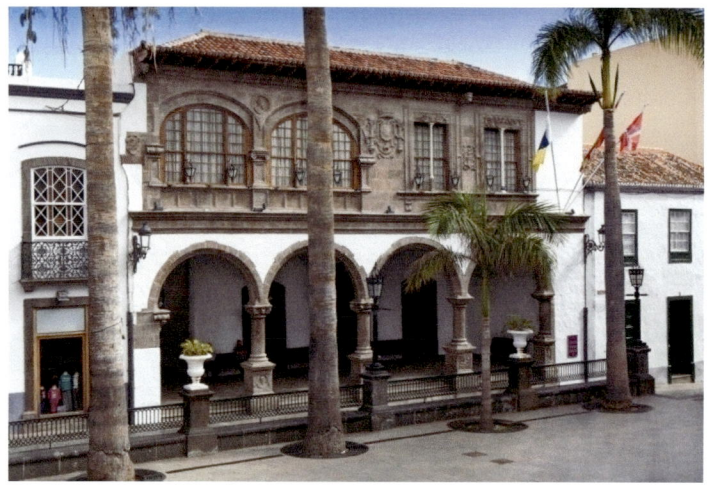

Fig. 9. Ayuntamiento de Santa Cruz de La Palma

Es el edificio renacentista más importante de las islas (órdenes jónico y corintio y logia al estilo de villa italiana), construido entre 1559 y 1563 con cantería traída de La Gomera, tras haber sido incendiado el primitivo edificio —junto con su archivo— por los piratas franceses[38] en 1553. A partir de 1940 sería reparado de forma muy invasiva, librándose afortunadamente la fachada renacentista. Esta presenta un programa humanista en los dos cuerpos, alusivo al buen gobierno y al triunfo de la virtud sobre el vicio. Es una fachada al estilo de un arco de triunfo, en forma de logia, como la Villa Farnesina[39] en Roma (1505-1511) o la Lonja de Granada (1518-1521).

El cuerpo bajo consta de cuatro arcos de medio punto ligeramente rebajados, con una ménsula, tres columnas exentas y una media columna estriadas, apoyadas sobre altos pedestales; los capiteles son diferentes (siguiendo a Sagredo): jónico, de animales fantásticos (harpías), de temas vegetales o geométricos. El paso del primer al segundo cuerpo se hace por medio de un pequeño entablamento, compuesto por arquitrabe, friso liso corrido (sin triglifos ni metopas) y cornisa. En la segunda planta se pierde el sentido armónico de la logia. A la izquierda, dos ventanas escarzanas, en realidad, una galería; entre ellas, el busto de perfil de Felipe II con la leyenda *Rey Feliphe*; a la izquierda y a la misma altura, otro escudo que simboliza el poder local, el del teniente Alarcón, delegado en La Palma del gobernador Armenteros de Paz, con inscripción y año de 1563. El escudo imperial se encuentra en el centro geográfico de la fachada: águila bicéfala, collar de la Orden del Toisón con el vellocino de oro y las dos columnas con el lema *Plus Ultra*. A la derecha, dos ventanas adinteladas —escarzanas en el diseño original— con parteluz; entre ellas, el escudo de la isla y ciudad: San Miguel con la palma en una mano y la balanza en la otra. Cuatro gárgolas zoomórficas rematan toda la fachada (el alero de madera actual es un añadido de 1940).

El programa decorativo de la fachada, que refleja los nuevos ideales del humanismo cristiano, es único en las islas. Se despliega en medallones, pedestales, remates de las ventanas, puertas e inscripciones, como en otros ayuntamientos de la península, como los de Sevilla o Jerez de la Frontera[40]. De los quince medallones que tuvieron en su origen los cuatro pedestales del cuerpo bajo se conservan ochos relieves, cuya lectura resulta difícil por la erosión y las sucesivas intervenciones; en general, los medallones, además de grutescos, deben de representar personajes virtuosos —de la mitología y de la historia antigua[41]— y no tan virtuosos, como se deduce de los gestos de algunos de ellos. El conjunto sería una especie de psicomaquia o lucha de la virtud y el vicio, del buen gobierno y del mal gobierno. Las ventanas adinteladas de la segunda planta están rematadas con sendos relieves de grutescos, que han recibido una lectura mitológica[42], aunque nos parece un poco forzada; en el de la izquierda, una cabeza de león con las fauces abiertas está flanqueada por dos personajes, uno con lanza y otro con tridente, que podrían aludir a Minerva y Neptuno, respectivamente, y a su famosa contienda por la posesión del Ática; en el de la derecha, un personaje, de aspecto femenino[43], agarra por las barbas a dos animales fantásticos (nos recuerda la lucha de Hércules niño con las dos serpientes); en la base del personaje hay una inscripción latina, que podría resumir todo el programa iconográfico de la fachada: *INVIDOS VIRTVTE SVPERABIS 1567*, "vencerás a los envidiosos por la virtud".

En la última década del siglo domina el manierismo: frontones partidos y tímpanos ondulantes o curvos. Y se abandona el grutesco, como en la portada de la Casa Lercaro[44] (Museo de Historia y Antropología de Tenerife[45]) [fig. 10] en La Laguna (ca. 1593), inspirada en el manierismo genovés.

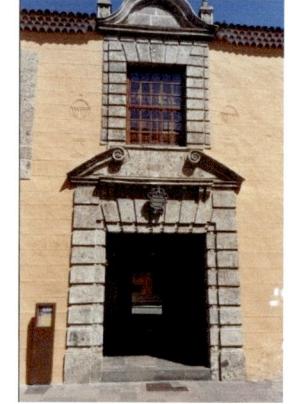

Fig. 10. Casa Lercaro
(La Laguna)

I.2. Siglo XVII

Durante el siglo XVII la arquitectura se muestra continuista con el siglo XVI en sus tendencias clasicistas o postmanieristas. Los cambios hacia el Barroco se dan de forma muy lenta, hasta que éste se impone plenamente en el siglo XVIII[46]. Es, en este sentido, el siglo XVII un período de transición. Algunas casas, repartidas por todo el Archipiélago, indican ya la presencia del nuevo estilo: la Casa Salazar (Palacio Episcopal, 1681) [fig. 11] y la Casa Nava Grimón[47] (1687) en La Laguna; la Casa Salazar de Frías (1642) en Santa Cruz de La Palma; la Casa Monteverde[48] (1675) [fig. 12] en La Orotava; la Casa Mendoza (1697) o la Casa Regental[49] (1640) [fig. 13] en Las Palmas, por citar algunos ejemplos.

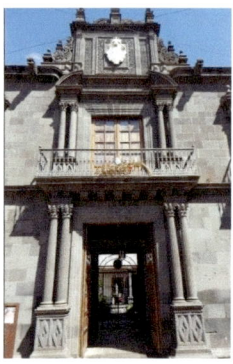 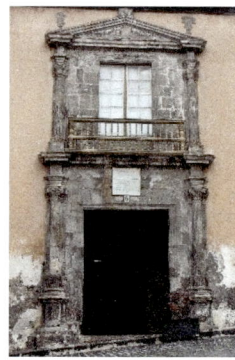 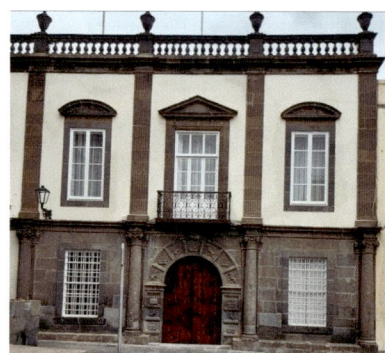

Fig. 11. Casa Salazar   Fig. 12. Casa Monteverde   Fig. 13. Casa Regental
(La Laguna)   (La Orotava)   (Las Palmas de Gran Canaria)

I.3. Siglo XVIII

Durante el siglo XVIII se pueden distinguir dos etapas o estilos arqui-tectónicos. En la primera, que se extiende hasta el último tercio del siglo, se utilizan soluciones tradicionales, combinadas con elementos mudéjares, renacentistas y barrocos. Como ejemplos de esta etapa señalamos la Casa Montañés (construida en 1747) [fig. 14] y la casa del Marqués de Acialcázar (primera mitad del siglo XVIII) en La Laguna, o la Casa Jiménez-Franchy en La Orotava, terminada en 1762. La segunda etapa, en plena época de la Ilustración, sigue el ideal clásico en arquitectura, como en el resto de Europa, y renuncia a todo signo propiamente canario o tradicional; el arte deberá estar regido por estas tres cualidades: la razón, la belleza y la naturaleza[50]. Ejemplos definitorios de esta etapa son el Palacio o Casa Nava Grimón[51] (la fachada fue renovada en 1776) [fig. 15] en La Laguna, ya citado[52], el Palacio de los Carta en Santa Cruz de Tenerife (terminado en 1752), la Casa de Viera y Clavijo en Las Palmas (1785), o Casa Pinto en Santa Cruz de La Palma (iniciada en 1770).

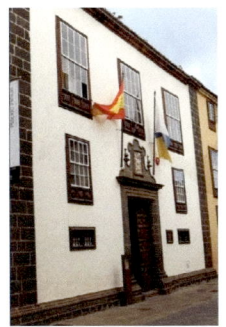 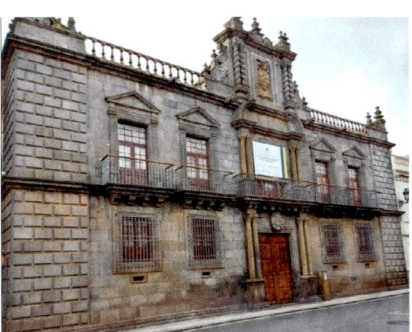 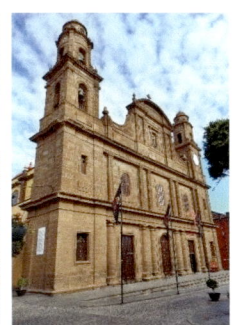

Fig. 14. Casa Montañés (La Laguna)   Fig. 15. Casa Nava Grimón, (La Laguna)   Fig. 16. Santiago de los Caballeros (Gáldar)

En la arquitectura religiosa se observa también ese espíritu ilustrado y clasicista, que en parte se debe al clérigo Diego Nicolás Eduardo Villarreal (La Laguna 1733-Tacoronte 1798), descendiente de irlandeses y considerado como el introductor del estilo neoclásico en la arquitectura de Canarias[53]. A él se atribuyen, entre otras, las iglesias de Santiago de los Caballeros (Gáldar) [fig. 16], de Nuestra Señora de la Concepción (Santa Cruz de Tenerife) o la continuación de la Catedral de Santa Ana (Las Palmas).

Las grandes ciudades del Setecientos son La Laguna, Las Palmas, La Orotava, Santa Cruz de Tenerife, Teguise, La Oliva y las capitales de las restantes islas. Durante el siglo XVIII la arquitectura institucional no tuvo la misma importancia que la religiosa o doméstica, pues los edificios municipales y regionales habían sido ya construidos en épocas anteriores, si exceptuamos obras sociales como el Hospital Militar de Las Palmas, iniciado en 1775 y terminado en 1790.[54]

I.4. Siglo XIX

A diferencia de la etapa renacentista, en la que se buscaba el purismo de las normas clásicas, durante el siglo XIX el clasicismo tiene una connotación de carácter político, que refleja las ansias de poder de la nueva clase social emergente, la burguesía, que se desplaza del campo a la ciudad y genera una profunda remodelación urbana, construyéndose nuevos edificios que responden a nuevas funciones.

En el siglo XIX mejora la situación socioeconómica de las Islas Canarias, tras la crisis vinícola y el cultivo de la cochinilla introducido en las islas a partir de 1825. Siguen siendo un enclave vital para las rutas africanas y americanas. En esta época las principales ciudades del archipiélago eran Santa Cruz de Tenerife[55], La Laguna[56] (perdiendo cada vez más importancia a favor de la primera), Las Palmas de Gran Canaria[57] y Santa Cruz de La Palma. Se reorganizan y se abren calles, alamedas y plazas públicas. La burguesía va a potenciar las actividades culturales; se crean ahora las academias[58] y organismos oficiales, bibliotecas, museos y se hace inventario de obras de arte (en un principio hay una valoración negativa del patrimonio cultural y artístico). La desamortización de Mendizábal es la causa de que la arquitectura religiosa tuviera poco desarrollo y de que no se conservaran muchos edificios renacentistas y barrocos.

En estos momentos podemos decir que la mitología entra de manos del Neoclasicismo[59], una de las tres corrientes que se dan en el arte de este siglo, junto al Romanticismo y al Eclecticismo. El Neoclasicismo se presenta en las Canarias con cierto desfase cronológico (se ha calificado de "escalón cronológico") respecto al continente europeo. Aunque en un principio su arquitectura prestigia más los edificios civiles —al ser la bandera del liberalismo— que los religiosos, en la práctica el lenguaje neoclásico se extiende a todo tipo de edificación: catedrales, iglesias, ayuntamientos, teatros, mercados, edificios militares, plazas… El Eclecticismo, no obstante, es el estilo que se impone en el último tercio del siglo XIX y primero del XX, pues admite soluciones estéticas procedentes de otros estilos.

En la arquitectura[60] dominan los elementos clásicos: frontones, grutescos, acroteras, grifos, guirnaldas, columna toscana, ventana serliana… De ahí que se hable de un neorrenacimiento, aunque también existieron el neogoticismo y el neoalhambrismo. Los principales arquitectos[61] encargados de llevar a cabo el nuevo estilo son, entre otros, Manuel de Oraá[62] (Burgos 1821-Santa Cruz de Tenerife 1889) en Tenerife y José Luján Pérez[63] (Guía 1756-1815) o Manuel Ponce de León[64] (Las Palmas 1812-1880) en Gran Canaria. El primero construye en Las Palmas el Ayuntamiento[65] (1842-1868) y en Santa Cruz, el Teatro Guimerá[66] (1848) [fig. 18] y el Parlamento de Canarias[67] (1883) [fig. 17], un verdadero templo griego hexástilo de columnas toscanas elevado por una escalinata[68]. A Luján Pérez le corresponde la conclusión de la Catedral de Santa Ana de Las Palmas (fachada posterior). A Ponce de León, otros edificios de Las Palmas como la Casa Manrique[69], la Casa Llarena[70] (1859) o la Casa de Juan María de León y Joven (1867-1872), que el propio arquitecto pintó, aunque sólo se conservan muestras de tipo religioso. Destacamos también otros edificios, algunos de los cuales veremos con más detalle, más adelante, por su decoración pictórica o escultórica: el Ayuntamiento de La Orotava[71] (1869-1895), que con sus ocho columnas sosteniendo la estructura del edificio nos recuerda al Partenón. En Santa Cruz de Tenerife, la Capitanía General de Canarias (1875), el Ayuntamiento (1898) o el Círculo de Amistad XII de Enero (1904). En Las Palmas, además del Ayuntamiento (1842-1862), ya citado, el Gobierno Militar[72] (1891), la Comandancia de Marina[73] (1886), el Teatro Pérez Galdós[74] (1867-1890) [fig. 19] o la Biblioteca Insular[75] (finales del XIX), cuya fachada tiene un pórtico sustentado por columnas pareadas de capiteles jónicos. En Santa

Cruz de La Palma, el Teatro Chico[76] (1865). En Arucas: el Ayuntamiento (1875). En La Laguna: el Teatro Leal[77] (1912), cuya fachada muestra los bustos de los dramaturgos españoles *Lope de Vega* y *Calderón de la Barca*.

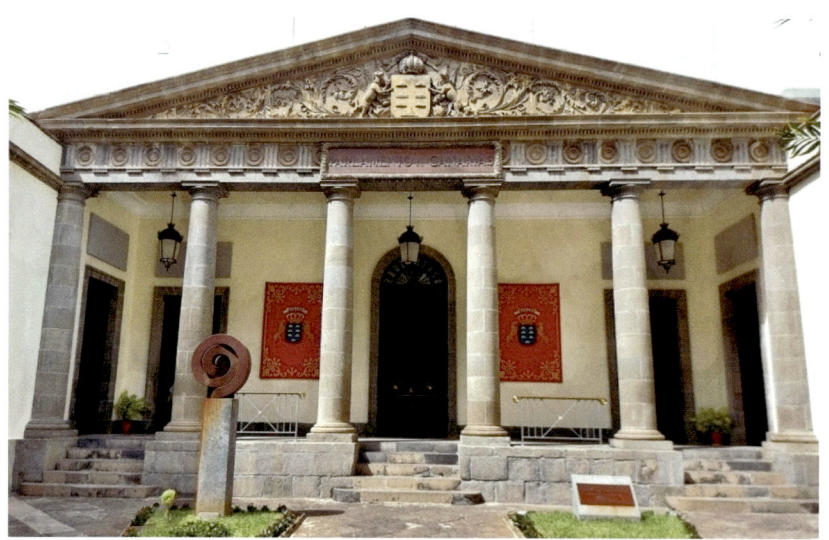

Fig. 17. Parlamento de Canarias, Manuel de Oraá, Santa Cruz de Tenerife

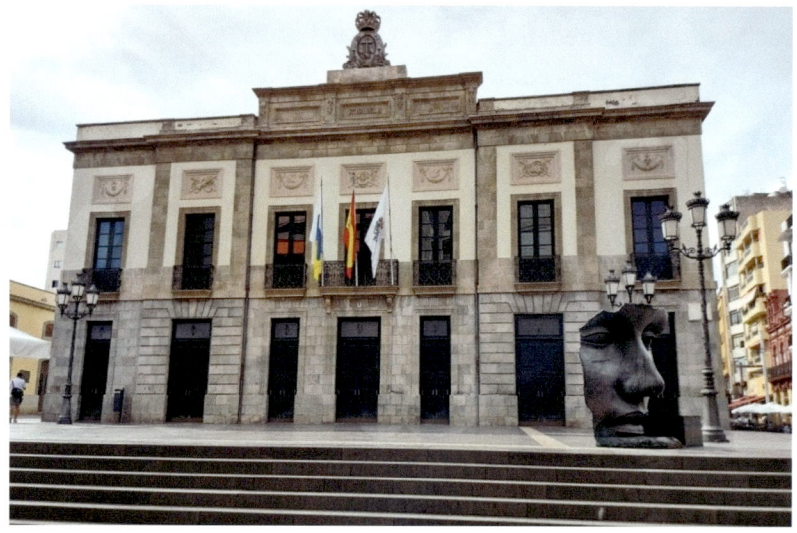

Fig. 18. Teatro Guimerá, Manuel de Oraá, Santa Cruz de Tenerife

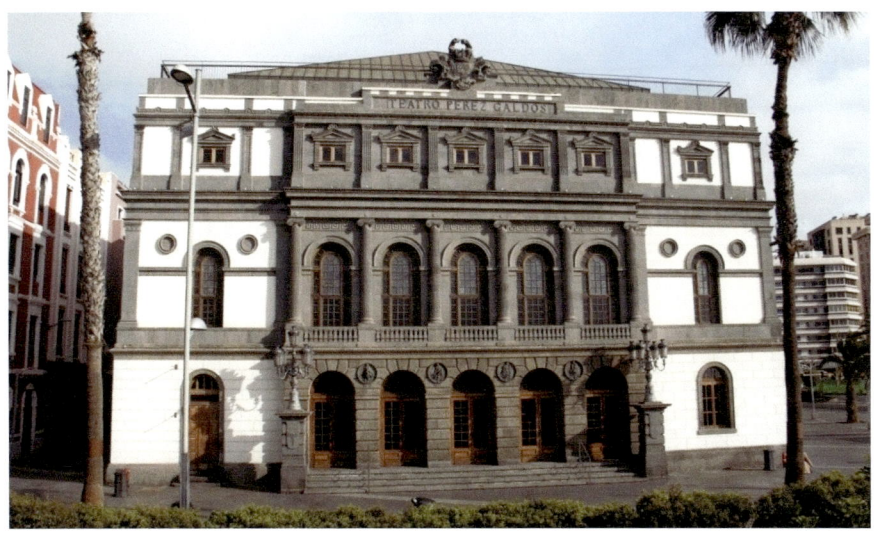

Fig. 19. Teatro Pérez Galdós, Francisco Jareño, Las Palmas de Gran Canaria

Notas

16 Cf. Tarquis Rodríguez 1964, 1966, 1967 y 1979; Martín Rodríguez 1978; López García 1982 y 1983; Hernández Perera 1984 y 1999; Darías Príncipe 1985; Galante Gómez 1989: 16-37; Galante Gómez 1992; Hernández Gutiérrez 1990, 1994, 1995 y 1998; Gallardo Peña 1992; Alemán Hernández 1994; Gasparini 1995; VV. AA: 1998; Darías Príncipe-García de Paredes 1999; Alemán Hernández 2008; Pérez Morera-Rodríguez Morales 2008; Hernández Gutiérrez-González Chaves 2009.

17 Cf. Galante Gómez 1991.

18 El tratado español de mayor influencia en Canarias y América fue *Medidas del Romano* (con grabados útiles a los canteros) de Diego de Sagredo (Toledo 1526; Lisboa 1541), que es la primera interpretación de Vitrubio realizada fuera de Italia. Gran influencia ejerció también el *Tercero y quarto libro de Architectura de Sebastiano Serlio boloñés* (1537 y 1547), traducido al castellano por Francisco Villalpando en 1552.

19 Son habituales en la primera mitad del siglo XVI.

20 Es la que da acceso a la catedral por el Patio de los Naranjos. Se atribuye a Juan Lucero. Tiene arco de medio punto con columnas (fuste estriado en dos tercios) adosadas a pilastras cajeadas de capitel corintio, que recogen el entablamento, compuesto de arquitrabe, friso (sin decoración) y cornisa; de remate, un frontón triangular cerrado sin decoración. La Catedral ha tenido dos grandes fases constructivas: de 1497 a 1570 y de 1781 hasta actualidad. Esta larga historia constructiva explica que se combinen estilos tan distintos como el gótico tardío de interior y el neoclásico del exterior. Cf. López García 1983: 149-150; Herrera Piqué 1990: 24-25; Alemán Hernández 2008: 261-280; Herrera Piqué 2016: 243-244.

21 Saqueada durante el ataque del pirata francés Leclérc en 1553, presenta una fachada-retablo completamente clásica, considerada como la más renacentista del Archipiélago Canario; se atribuye al maestro Juan de Ezquerra, que la llevaría a cabo en 1583 o 1585. Las columnas pareadas de orden corintio con fuste estriado que flanquean la puerta están decoradas en su tercio inferior con grutescos; las columnas van adosadas a pilastras cajeadas, también con capiteles corintios, sirviendo todo de soporte al entablamento. Cf. López García 1983: 97-102; Rodríguez González 1985; Pérez Morera 1993; Gasparini 1995: 109-117; Martín Rodríguez 1995: 175-191; Pérez García 1995; Paz Sánchez-Castellanos Gil 1998; Navarro Segura 1999; Santana Rodríguez 2004-2005.

22 Arco de medio punto, enmarcado entre dos columnas de orden toscano, con fuste liso y basa sobre plintos con almohadillado en su frente, frontón partido. Las jambas y dovelas forman también almohadillado, excepto la clave que es una ménsula. Cf. López García 1983: 112.

23 La isla la acabó de conquistar en 1493 el Adelantado Alonso Fernández de Lugo.

24 La puerta está flanqueada por dos columnas sobre pedestal y basa ática, fuste estriado, con medias cañas y capitel toscano. El entablamento se divide en arquitrabe (con gotas), friso (con triglifos) y metopas (sin decoración). Sobra la cornisa se abre un óculo, roleos y frontón curvilíneo. Cf. López García 1983: 70-71.

25 El arco de la portada no es de medio punto, sino carpanel. Las pilastras, de capitel compuesto con decoración vegetal, se levantan sobre pedestal de frente cajeado. Cf. López García 1983: 75-76.

26 Arco de medio punto flanqueado por columnas de capitel corintio sobre plinto cajeado, entablamento, frontón triangular cerrado, rematado en los extremos por especie de jarrón. Cf. López García 1983: 81.

27 Tiene una portada clasicista exuberante de decoración: arco de medio punto, pilastras sobre plintos con capiteles similares al corintio, entablamento con arquitrabe, friso y cornisa, frontón roto con óculo en su interior. Llamativos también son los motivos decorativos; parece haber cierto horror al vacío (*horror vacui*) a partir del primer entablamento. A las decoraciones geométricas (rombos, ajedrezados, triángulos, círculos) se suman las de tipo figurativo, como cabezas de indígenas americanos (?) o serpientes que se muerden la cola (con la luna y el sol en su interior), que pueden aludir también a la hidra de Lerna. Cf. López García 1983: 136-137.

28 Cf. Lorenzo Rodríguez 1901: 86; Viera y Clavijo 1967: II 519; Rodríguez González 1985: 28-29. Juan Régulo Pérez ofrece una interpretación diferente de esta leyenda en un artículo publicado en un folleto para conmemorar las fiestas lustrales de la "Bajada de la Virgen", en Santa Cruz de La Palma (1985).

29 Por *COMMVN*.

30 Por *LAVRVS*.

31 Por *PRAESVL*.

32 Lorenzo Rodríguez proponía *DEVITIS*.

33 La primera traducción conocida es una paráfrasis poética en forma de soneto del poeta local Juan Bautista Poggio y Maldonado (1632-1707): "Tres Decios en sus páginas la historia / Escribió, que homenaje de su vida / Hicieron porque Roma no vencida / Se ciñera el laurel de la victoria. / La corona de lauro dio la

gloria / Del Capitolio a la montaña erguida, / Y el cuarto Decio así a su grey querida / Con religiosa fe da su memoria. / De la Tarpeya roca el fiel prelado / Digno trasunto, su laurel ostenta / Con las lises de Francia entrelazado; / Al enemigo su renombre ahuyenta, / Y al poder de su nombre en dulce calma / Prosperan ya los hijos de La Palma". Cf. Lorenzo Rodríguez 1901: 100.

34 Se refiere a los tres generales y cónsules, de nombre Decio Mus, que sirvieron a Roma en los siglos IV y III a.C. con el sacrificio de sus vidas. El primero, cónsul en el año 340, luchó contra los latinos; su hijo, cuatro veces cónsul, se enfrentó a los celtas; su nieto se sacrificó contra Pirro. De ellos hablan los autores latinos Tito Livio y Valerio Máximo.

35 Viera y Clavijo relaciona este episodio con el ataque de los piratas franceses a La Palma en 1553. Lorenzo Rodríguez, por su parte, piensa que se hace alusión al "entredicho" (censura eclesiástica por la que se prohibía a los fieles algunos actos religiosos) que sufría la isla y fue levantado por Deza en su visita de 1558.

36 En el primer cuerpo hay un acceso adintelado, flanqueado por dos columnas de fuste acanalado, adosadas, y pilastras con capitel corintio. Éstas no tienen basa (quedan colgadas) y en la parte superior recogen un entablamento. El segundo cuerpo tiene columnillas abalaustradas, rematadas en capitel y pequeño entablamento. Cf. Lopez García 1983: 38.

37 Cf. Martín Rodríguez 1980 y 1995: 148-175; López García 1983: 93-96; Galante Gómez 1991; Gasparini 1995: 124-127; VV. AA. 1998: 150-152.

38 Fructuoso comparará al pirata Pie de Palo con Nerón, "que con igual crueldad mandó quemar Roma".

39 Cf. Navarrete Orcera 2019: 334-359.

40 Las fachadas de ambos ayuntamientos están decoradas con las esculturas de *Hércules* y *Julio César*, los fundadores —mítico e histórico, respectivamente— de ambas ciudades. Cf. Navarrete Orcera 2005: 104; Navarrete Orcera-García Navarrete 2022: 23-26.

41 Hércules, su mujer Hebe, Alejandro, Aníbal o Escipión. Pero son sólo hipótesis. En la Casa de Colón de Las Palmas se conservan unos paneles renacentistas de madera, de buena factura, traídos de La Palma, que presentan también figuras mitológicas y grutescos y pertenecieron a una puerta del Cabildo de esta ciudad.

42 Cf. Martín Rodríguez 1995: 167-170.

43 Galante Gómez (1991: 192) dice que este personaje femenino que tira con sus manos de las barbas de dos grotescos personajes puede referirse a la monarquía en actitud de humillación, una característica propia de los grutescos medievales.

La cabeza de león anterior también podría referirse a la monarquía, y los dos personajes que la acompañan serían personajes marinos con cabezas monstruosas.

44 Sus primeros propietarios fueron italianos y comenzaron a construirla a finales del siglo XVI. La puerta es adintelada con almohadillado, con el escudo de los Lercaro sobre el dintel. El remate superior está formado por un frontón curvo con tres jarrones. Cf. López García 1983: 52. Del interior destaca el profuso trabajo de la madera; las columnas del patio están rematadas por unos mascarones sin más atributos que puedan identificarlos; en una de las vitrinas del museo se conserva la plantilla de madera, de gusto italianizante, sobre la que se hicieron.

45 Contiene interesantes paneles sobre el origen mitológico de las islas. Agradezco a su director las explicaciones durante mi visita. Durante un tiempo fue la sede de la Facultad de Filosofía y Letras.

46 Cf. Martín Rodríguez 1978. Fraga González 1980 y 1990; López García 1997; López García-Calero Ruiz 2008: 17.

47 Al haber pasado esta casa por diferentes momentos constructivos, que se prolongarán durante los siglos, conjuga elementos manieristas (fue comenzada a construir en 1585), barrocos y neoclásicos.

48 El primer cuerpo de la portada tiene acceso adintelado, flanqueado por columnas corintias de fuste estriado, adosadas a pilastras cajeadas. Una cornisa es el nexo de unión con el segundo cuerpo, que repite los elementos del primero, con la adición de un balcón. Un frontón cerrado corona el edificio. Cf. López García 1983: 63.

49 Destaca la portada de arco de medio punto; sus dinteles y dovelas tienen almohadillado cajeado y motivos heráldicos: siete castillos y seis leones. Cuatro columnas de orden corintio separan las tres calles de la fachada. La segunda planta del edificio es de época posterior, del siglo XIX y de estilo neoclásico. Era la residencia de los presidentes de la Audiencia de Canarias. Cf. López García 1983: 152-155; Herrera Piqué 2016: 148-152.

50 Cf. Galante Gómez 1989: 30.

51 De ella dice Martín Rodríguez (1978: 22-224) que es "la mejor fachada de vivienda que hoy se conserva en Canarias". La fachada principal, cubierta totalmente de cantería y con fajas de almohadillado en ambas esquinas, tiene dos plantas con cinco vanos en cada una, con remate en balaustrada. La puerta de entrada es adintelada, entre plintos que toman columnas pareadas, con fustes estriados y capiteles corintios, y el escudo de los Grimón en el dintel, que es de estilo barroco. Cf. López García 1983: 50-51.

52 V. nota 47.

53 Recibió sólidos conocimientos del nuevo estilo en Segovia y Madrid. Fue director y maestro de la Academia de Dibujo fundada por la Real Sociedad Económica de Amigos del País de Las Palmas de Gran Canaria, donde estudiaron artistas como José Luján Pérez (1756-1815). Cf. Hernández Piqué 1990: 21-22.

54 Cf. Carmen Milagros González Chaves, "Arquitectura", en Calero Ruiz-Castro Bruneto-González Chaves 2008: 17-89.

55 Cf. Hernández González 2003.

56 Cf. Cioranescu 1965; Herrera Piqué 1965; Rodríguez Yanes 1997; Rodríguez Moure 2006 (1935); González Zalacaín-Rodríguez Morales 2018.

57 Cf. Herrera Piqué 1984; Martín Galán 1984.

58 Las primeras Sociedades Económicas, creadas para promover las artes, además de la economía, se crearon en Canarias en 1777 (Las Palmas de Gran Canaria y San Sebastián de La Gomera); en 1778, la de La Laguna (Tenerife). Cf. VV. AA. 1998: 187.

59 Cf. Fraga González 1976, 1985 y 1988; Herrera Piqué 1992.

60 Cf. Tarquis Rodríguez 1967; Tarquis Rodríguez 1970; Fraga González 1976; Rodríguez-Díaz de Quintana 1978; Herrera Piqué 1982: 163-177; Galante Gómez 1989: 37-39; Alemán Hernández 2008; Allen Hernández-Castro Borrego 2008.

61 Cf. Rodríguez-Díaz de Quintana 1978.

62 De origen navarro, aunque nacido en Burgos, se encuentra ya en 1847 en Tenerife, donde es nombrado arquitecto provincial y contrae matrimonio con una canaria, Cándida Cólogan Franchi Heredia. Es el primer arquitecto titulado por la Academia de San Fernando. Cf. Gallardo Peña 1992: 41-73; Fraga González 1999.

63 Es más conocido como escultor. Cf. Tejera Quesada 1914; Calero Ruiz 1991; Sola Antequera-Calero Ruiz 2002.

64 Dedicó gran parte de su actividad a la arquitectura, aunque también fue pintor. Superpone órdenes toscano y jónico. Es admirador de Vignola y Palladio. Cf. Herrera Piqué 1990: 27-28; Hernández Socorro 1992; Hernández Socorro-López García-Pérez García 2004. Como pintor, estudia en la Academia de Bellas Artes de San Fernando —de la que luego sería académico—, donde conoce a Federico de Madrazo, cuya influencia se advierte en sus retratos. Sabemos que su biblioteca, que se componía de 332 volúmenes, contenía dos tratados mitológicos: *Dioses fabulosos* (sin autor, Valencia 1846) y *El teatro de los Dioses*

de gentilidad de Bautista Aguilar (1838, incompleto); cf. Hernández Socorro-Luxán Meléndez 1988: 325.

65 El antiguo Ayuntamiento, atribuido al arquitecto Juan de Palacios (1535-1543), adoptaba la forma de villa renacentista italiana, como el de La Palma y como se observa también en algunos edificios hispanoamericanos de la época. Fue víctima de las llamas en 1842. Cf. Martín Rodríguez 1980; Galante Gómez 1989: 147-150; Herrera Piqué 1990: 25-26; Galante Gómez 1993.

66 Cf. VV. AA. 1984; Galante Gómez 1989: 169-172; Galante Gómez 1993.

67 Antiguo edificio de la Sociedad de Santa Cecilia, que posteriormente tuvo la función de Diputación y Conservatorio. Cf. Darías Príncipe 1985; Galante Gómez 1989: 177-178; Hernández González 2003: 26.

68 Con un frontón triangular que se alza sobre el entablamento, compuesto por arquitrabe, friso (metopas y triglifos) y cornisa, en la que se apoya el frontón.

69 Es una de las primeras fachadas diseñadas por Ponce de León, que ofrece un equilibrado repertorio de formas clásicas. En el cuerpo principal, flanqueando las tres puertas y las tres ventanas, dobles pilastras recorren los dos niveles de su altura, coronadas por capiteles de orden jónico en la planta superior y de orden toscano en la inferior. Un frontón triangular en la ventana principal y dos curvos en las laterales reafirman la adscripción neoclásica de esta casa. Cf. Herrera Piqué 2016: 303-304.

70 La fachada presenta, sobre las tres puertas, cuatro columnas jónicas de piedra adosadas al muro. En los extremos del edificio, pilastras jónicas de piedra.

71 Cf. Trujillo Rodríguez 1978; Martínez Sánchez 1995; Luque Hernández 1998.

72 Cf. Alemán Hernández 2008: 283-284. Fue construido bajo el mandato del general Weyler para servir de residencia a los gobernadores militares y a los comandantes que visitaran la isla.

73 Fue proyectada por el arquitecto catalán Laureano Arroyo. El cuerpo central de la fachada está resaltado con pórtico columnado, sobre el cual hay un segundo cuerpo con balcón de balaustres, pilastras adosadas, entablamento y frontón helenizante, en cuyo tímpano se representa el escudo de España y símbolos militares. Recuerda a la fachada de la Lonja de Barcelona. Cf. Fraga González 1976: 45; Herrera Piqué 1990: 26; Márquez Quevedo 2004; Navarrete Orcera 2005: 247-256.

74 El proyecto fue encargado al arquitecto Francisco Jareño, autor de obras tan importantes como la Biblioteca Nacional y el Museo Arqueológico Nacional. El interior está concebido como un teatro a la italiana y en el exterior presenta una fachada de tres plantas, en cantería, de traza neoclásica: almohadillados en

el primer cuerpo (con cinco puertas de acceso al vestíbulo), columnas jónicas en la segunda planta y frontones triangulares en el ático. El cuerpo central de la fachada principal se inspira en el palacio Barberini de Roma. Tras su incendio en 1918, fue reconstruido por el arquitecto Miguel Martín Fernández de la Torre, cuyo hermano el pintor Néstor se encargó de dibujar los decorados del interior entre 1926 y 1928, como se estudiará en el capítulo de "Pintura". Cf. VV. AA. 1984; Alemany 1986; Galante Gómez 1989: 173-176; Galante Gómez 1993; Herrera Piqué 2016: 335-339.

75 Primero fue sede del Círculo Mercantil, después del Banco Hispano Americano y desde 1991, de la Biblioteca. En la planta noble se alternan pilastras de orden jónico y dórico.

76 Cf. VV. AA. 1984; Galante Gómez 1993.

77 Cf. VV. AA. 1984; Galante Gómez 1993.

CAPÍTULO II

ESCULTURA

II. ESCULTURA[78]

II.1. Escultura religiosa

La religiosidad impregna toda la escultura del siglo XVII. A veces, formalmente, hay referencias al arte de la antigüedad clásica, como en el *Cristo de Tacoronte* [fig. 20], obra del portugués afincado en Madrid Manuel Pereyra (Oporto 1614-Madrid 1683); la escultura llegaría al Convento de los Agustinos de Tacoronte (Tenerife) a finales de 1661. Son de origen clásico el *contrapposto* y la composición general de la figura; nos recuerda a la *Venus de Capua* [fig. 21], copia romana de Lisipo, escultor helenístico del siglo IV a.C., que estaba inspirada a su vez en la *Venus de Milo*[79]. El brazo izquierdo de Cristo corta el eje vertical del cuerpo, mientras que la Venus hace lo propio con el brazo derecho, lo que nos indica que Pereyra debió de hacer uso de un grabado para su realización[80].

Durante la centuria siguiente va imponiéndose progresivamente tanto en el arte y en la literatura (v. Juan de Iriarte y su sobrino Tomás de Iriarte) como en la música y el teatro el sentido laico, liberal y cosmopolita, favorecido por la nueva clase social de la burguesía. Este nuevo ambiente se observa en las fiestas públicas, en las que el pueblo interviene de forma activa, como la que se organiza con motivo de la coronación de Carlos III, el 1 de junio de 1760, en la que el gremio lagunero de labradores sacó a la calle un carro alegórico y triunfal: en la parte alta iba un retrato del rey y a sus pies Ceres con su hija Proserpina, cerrando el cortejo Baco a caballo; un segundo carro reproducía el Jardín de las Hespérides, costeado por los gremios de los restantes oficios: Momo era representado por un mono vestido, al que seguían hamadríades, sátiros, centauros, nereidas y tritones, un minotauro…; en el respaldo del carro, el Teide —personificando a Atlas— y el retrato de Carlos III, acompañado de Hércules y tres ninfas que plantan un manzano con frutos de oro junto a un dragón.[81]

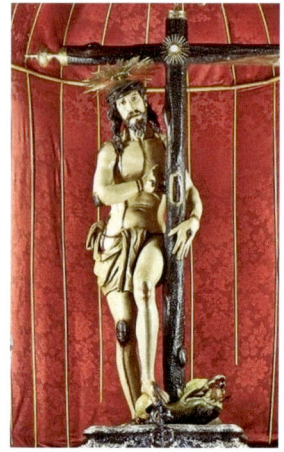
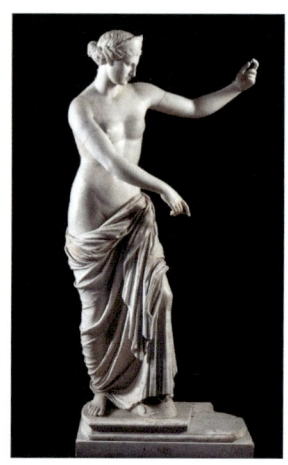
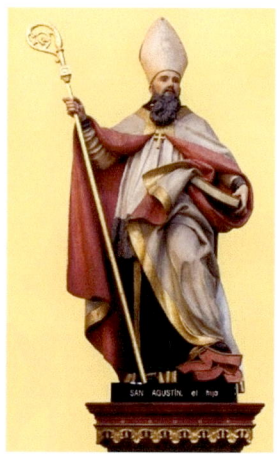

Fig. 20. *Cristo de Tacoronte,* Pereyra   Fig. 21. *Venus de Capua*   Fig. 22. *San Agustín,* Las Palmas

En cuanto a la escultura en sí, en la primera mitad del siglo XVIII continúan las tradiciones artísticas anteriores (imaginería religiosa barroca) y en la segunda mitad van apareciendo las fórmulas clasicistas, que anticipan el neoclasicismo, que caracterizará a la centuria siguiente, igual que sucede con la arquitectura. El principal representante de esta vuelta al clasicismo durante el período de la Ilustración será José Luján Pérez (Gran Canaria 1756-1815), que aunque no ha retratado a ningún personaje de la antigüedad clásica, refleja formalmente en su obra religiosa la serenidad clasicista: los santos cristianos (como el *San Agustín* —1806— [fig. 22] de la homónima iglesia de Las Palmas) se muestran ahora como versiones cristianizadas de los antiguos dioses o héroes —arrogantes, si no altivos—, mientras que las vírgenes y las santas mártires (como *Santa Catalina de Alejandría* —1795— en la homónima iglesia de Tacoronte en Tenerife) serán figuradas como mujeres "a la griega" (*all antica*), con onduladas cabelleras, rostros grandes, nariz recta, boca carnosa y ojos abiertos, en marcado *contrapposto*. Las propias recomendaciones promulgadas por el Cabildo Catedral de Santa Ana de Las Palmas inciden en esa idea, insistiendo en que se deben venerar esculturas completas "conforme a la antigüedad griega y latina y a los pueblos modernos y más cultos"[82]. La Academia de Dibujo de la Sociedad Económica de Amigos del País de las Palmas de Gran Canaria, inaugurada en 1787, recomendaba del mismo modo disponer de modelos en yeso de las estatuas y bajorrelieves antiguos para instruir a los jóvenes en la idea de lo bello.

Sin salirnos del ámbito religioso, en la parroquia de Nuestra Señora de la Peña de Francia en el **Puerto de la Cruz**[83] (Tenerife), en una vitrina (49,2x35,7 cm) del Museo, encontramos un azafate —o bandeja— de plata decorado con la figura de una diosa sedente [fig. 23]. No se trata de "Diana acompañada de pájaros y animales[84]", como se repite en la bibliografía que la menciona, sino de otra diosa, Minerva, como se deduce de la vestimenta de guerrera y de los atributos que porta: casco, lanza y escudo (óvalo sin decoración); más enigmático es el rostro ovalado que descansa sobre un soporte rectangular, a la izquierda; a la derecha, se observa un gran navío de la época, con velas y remos; en la popa ondea el escudo real de España con las columnas de Hércules. La pieza, inspirada en una estampa —probablemente de origen francés—, procede de Santiago de Guatemala y está datada entre 1760 y 1770[85]. Es idéntica a una palangana de la misma ciudad y fecha.

Dentro de la escultura mitológica que hemos hallado en las Islas Canarias vamos a tener en cuenta varios condicionantes para su clasificación: si está inserta en la arquitectura de los edificios, si se halla diseminada en plazas, ala-

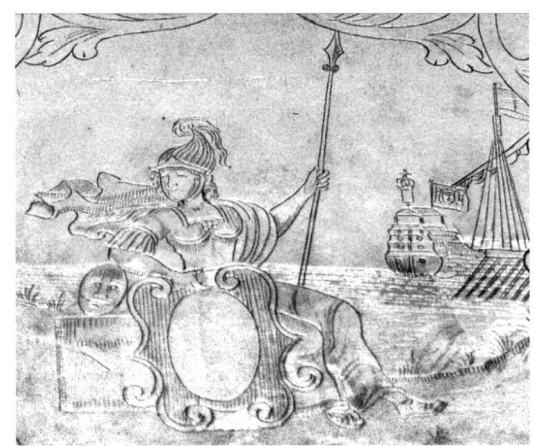

Fig. 23. Azafate con la diosa Minerva

medas o jardines (fruto del desarrollo urbanístico), si se alberga en museos o si, finalmente, pertenece a escultores concretos (siglos XIX-XX). Los materiales más empleados son la madera, la piedra y el barro; el mármol, al ser muy escaso en las islas, era importado de la península o de Italia.

II.2. Esculturas en fachada

Las esculturas de las fachadas, que suelen potenciar los valores de la arquitectura, son en su mayor parte alegóricas, como las de la **Casa Massieu Sotomayor** (1809, Santa Cruz de La Palma) o las cuatro figuras alegóricas, en hierro fundido y recubiertas de pintura blanca para simular mármol (sustituían a otras más antiguas de barro cocido de mediados del siglo XIX), adquiridas en el taller belga de Bontellier (1909) para el **Ayuntamiento de Las Palmas de Gran Canaria** [fig. 24]; representan a la *Agricultura* (con pala) [fig. 25], al *Comercio* (Mercurio con pétaso en la cabeza, caduceo en una mano y bolsa de dinero en la otra) [fig. 26]; al *Arte* (simbolizado en la Pintura, coronada con laurel, pincel en una mano y paleta en la otra) [fig. 27] y a la *Navegación* (con ancla) [fig. 28]; en el centro del conjunto se colocó un escudo —diferente al actual— que llevaba por tenantes a un guerrero canario y a un conquistador.[86]

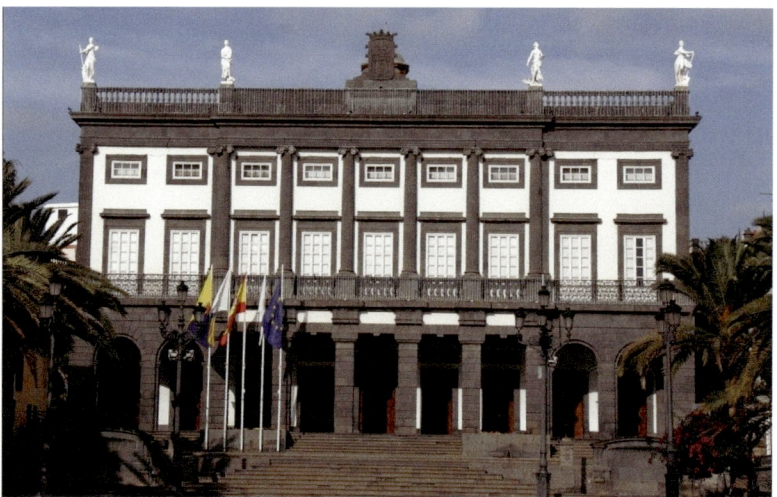

Fig. 24. Ayuntamiento de Las Palmas de Gran Canaria

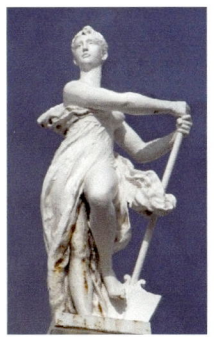 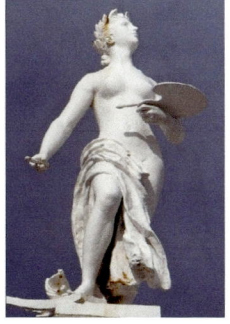 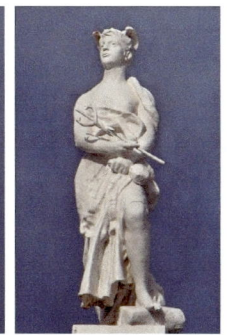 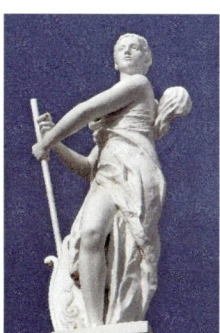

Fig. 25. *Agricultura*   Fig. 26. *Arte*   Fig. 27. *Comercio*   Fig. 28. *Navegación*

El **Teatro Pérez Galdós**, también de Las Palmas, presenta en la fachada principal cuatro medallones con relieves de Óscar Alvarino, de finales del siglo XX. Representan a cuatro musas, como indica la cartela inferior que las identifica; todas están sentadas con las piernas cruzadas, vestidas o semivestidas con largos mantos y portan atributos propios.

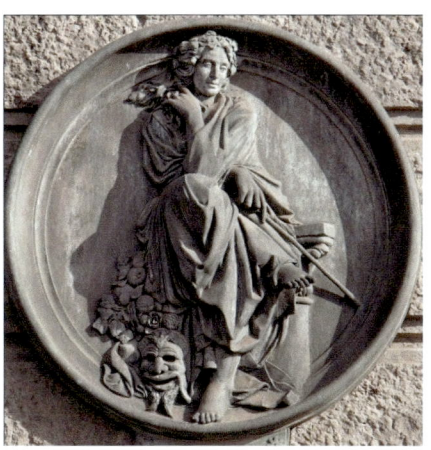 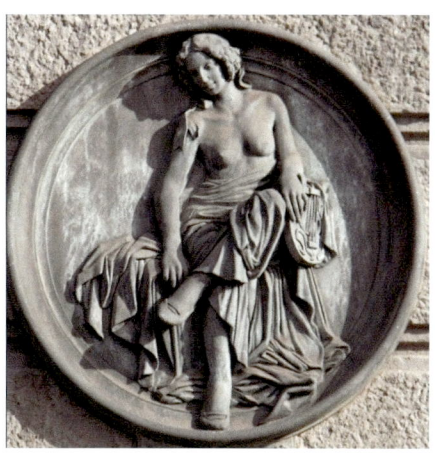

Fig. 29. *Talía*, Teatro Pérez Galdós   Fig. 30. *Terpsícore*, Teatro Pérez Galdós

De izquierda a derecha: *Talía* [fig. 29], musa de la comedia, tiene a sus pies la máscara del teatro; *Terpsícore* [fig. 30], musa de la danza, sujeta con su mano izquierda una lira y con la izquierda roza sus zapatillas de danzarina;

Euterpe [fig. 31], musa del arte de tocar la flauta, apoya su cabeza en una doble flauta; *Erato* [fig. 32], musa de la poesía lírica, sostiene en su regazo una lira. En este grupo faltaría Melpómene, la musa de la tragedia; pensamos que el escultor la ha omitido para concentrar en una sola figura—Talía— toda la actividad teatral.[87]

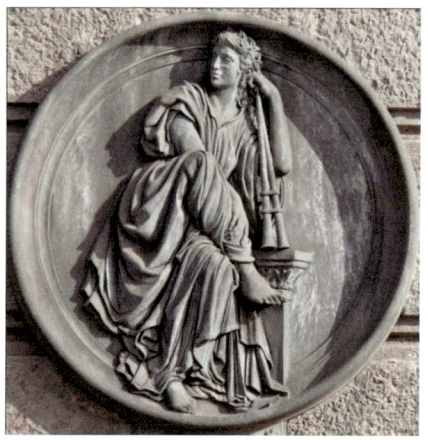
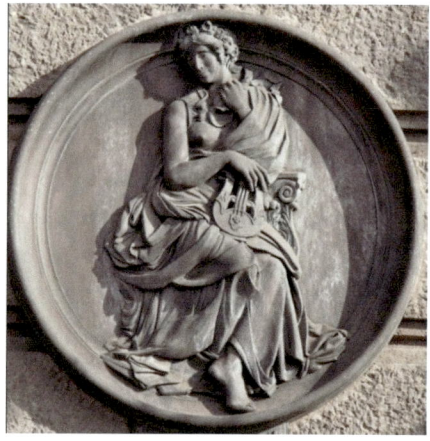

Fig. 31. *Euterpe*, Teatro Pérez Galdós   Fig. 32. *Erato*, Teatro Pérez Galdós

El **Auditorio Alfredo Kraus**[88] de Las Palmas, en el extremo oeste de la playa de Las Canteras, es un edificio imponente, con aspecto de fortaleza hexagonal, asentado sobre un zócalo de roca volcánica. Fue construido por el arquitecto catalán Óscar Tusquets ente 1993 y 1997.

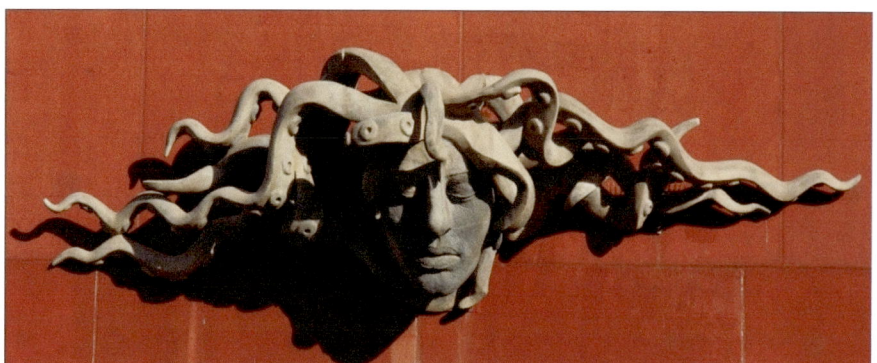

Fig. 33. *Medusa*, Auditorio Alfredo Kraus, Las Palmas de Gran Canaria

Tiene capacidad para 1700 espectadores y al fondo del escenario se abre una un gran ventanal que posibilita la vista del Atlántico mientras se asiste a un concierto. Para el muro exterior que da al mar Juan Bordes Caballero (Las Palmas, 1948) representa en 1997 una *Medusa* con tentáculos de pulpo [fig. 33], que, a modo de metáfora del poder creador de la escultura, parece estar a punto de alzar la vista y convertir al Atlántico en piedra. El mismo escultor realizó en otras zonas del edificio otros seres oceánicos.

Por último, de Las Palmas anotamos el escudo que corona la entrada de una casa histórica (calle Núñez de la Peña, 11), construida en 1928 por un arquitecto catalán imbuido de modernismo y clasicismo. En 2015 la casa fue escenario del rodaje de una película y al año siguiente la fachada fue completamente repintada. Parece que está protagonizado por un soldado griego por la vestimenta y la armadura (lanza, escudo en la mano derecha y escudo sin decoración apoyado en la pared).

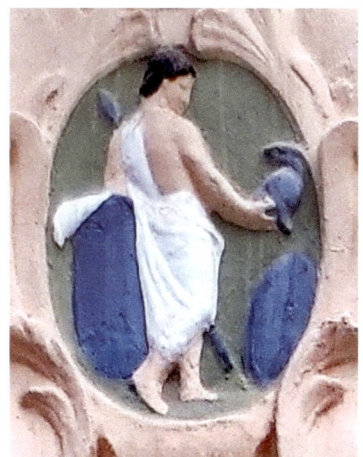

Fig. 34. Escudo de una casa de Las Palmas

En **Santa Cruz de Tenerife** encontramos el grupo escultórico, obra de Gumersindo Robayna[89] (1890), de *Mercurio* (sombrero alado, caduceo, bolsa de dinero y sandalias aladas) *y Minerva* (rueda) [fig. 35], una alegoría del Comercio y la Industria, respectivamente, que remata, junto a un reloj, la fachada de la antigua sede de la Escuela de Artes y Oficios[90] (plaza de Ireneo González), construida por el arquitecto Manuel de Oraá; o la obra escultórica de la fachada del Círculo de la Amistad XII de Enero (calle Ruiz de Padrón, 12), mencionado en el capítulo anterior: tres figuras alegóricas (una de pie, la diosa de la *Victoria*, y dos sentadas, que identificamos como la *Música* y la *Literatura*) flanqueadas por grifos, y dos *Cariátides*[91] [fig. 36], realizadas entre 1908 y 1924 por Teodomiro Robayna, con la ayuda de Eduardo Tarquis. En la fachada de un edificio de la plaza de Santa Ana de **Las Palmas**

de Gran Canaria se pueden ver también *Cariátides* [fig. 37] (en este caso, una masculina —o telamón— y otra femenina) flanqueando los dos balcones de la primera planta.

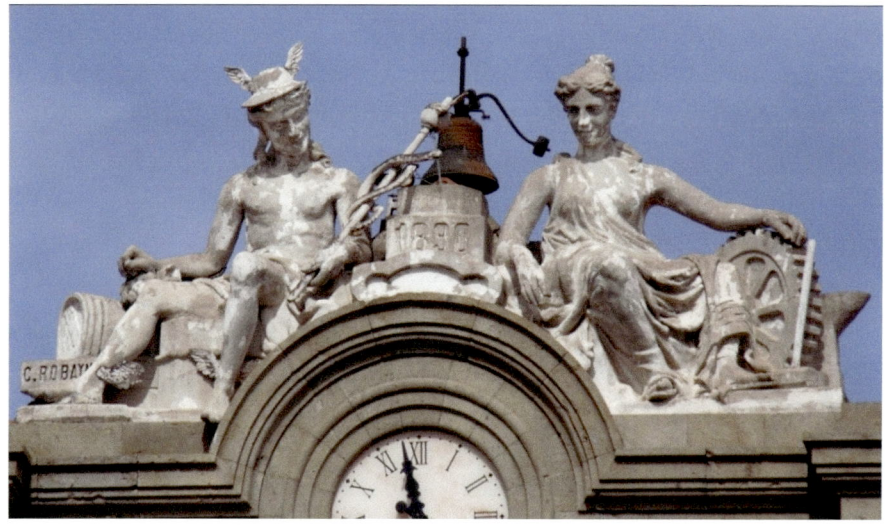

Fig. 35. *Mercurio y Minerva*, Antigua Escuela de Artes y Oficios

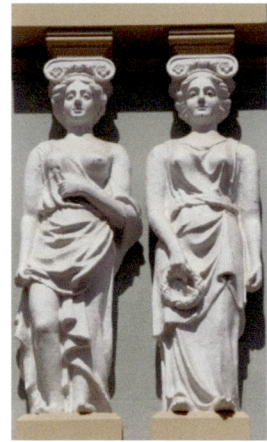

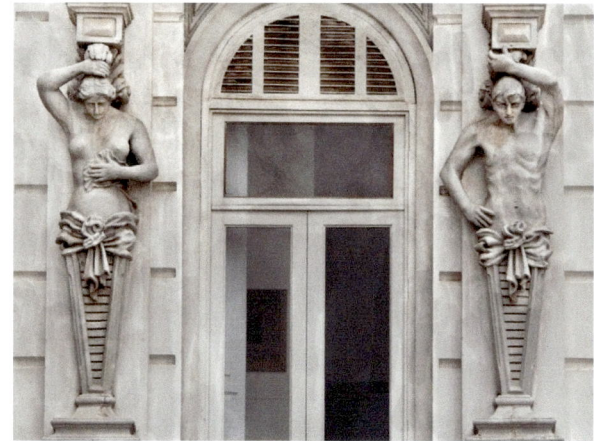

Fig. 36. *Cariátides*, Círculo de la Amistad XII de Enero

Fig. 37. *Cariatides*, edificio de la Plaza de Santa Ana, Las Palmas

El tímpano del frontón [figs. 38-39] que remata la fachada del **Ayuntamiento de La Orotava,** realizado por el arquitecto Mariano Estanga y Arias

Girón[92] (Valladolid 1867-Madrid 1937) en 1912, presenta en relieve de cemento blanco las figuras alegóricas de la *Historia* (figura alada desnuda con el brazo izquierdo apoyado en libros, con un pergamino enrollado en la mano izquierda) y la *Justicia* (sujeta un relieve con la tradicional balanza) flanqueando el escudo de la ciudad y, en los extremos, dos figurillas, como cupidos, que representan a la *Enseñanza*[93] (con un libro abierto) y a la *Agricultura* (con una pala). Van unidos por una filacteria con la leyenda: "Muy Noble y Leal Villa de La Orotava".[94]

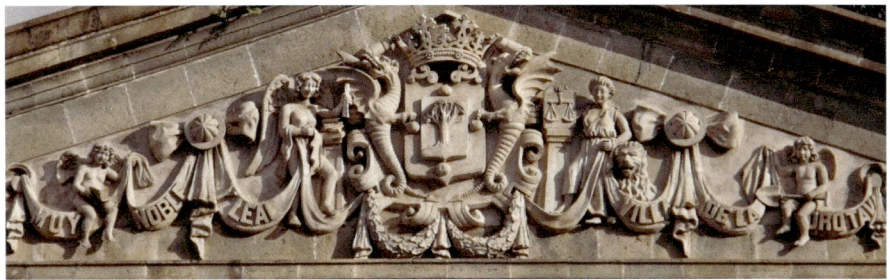

Fig. 38. Frontón del Ayuntamiento de La Orotava

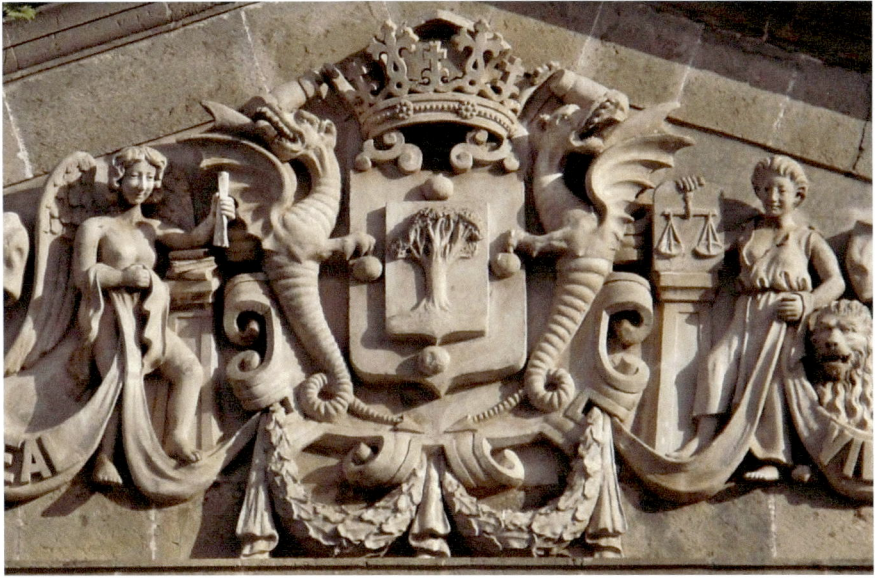

Fig. 39. *La Historia y la Justicia*, detalle del frontón del Ayuntamiento de La Orotava

II.3. Esculturas en plazas y jardines

En cuanto a las esculturas instaladas en espacios abiertos, ante la preferencia de los artistas locales por la imaginería, se importan del extranjero. De Génova[95] el Ayuntamiento de **Las Palmas** consigue sendas alegorías de las cuatro estaciones (1815, mármol) para los vértices del desaparecido puente de Verdugo; luego pasaron a adornar las esquinas de un templete de la Plaza del Espíritu Santo[96], pero fueron deterioradas por un temporal; hoy se encuentran en la calle Juan de Quesada. Las estatuas, con el cuerpo semidesnudo, parecen inspiradas en modelos griegos; el *Invierno* [fig. 43] es un anciano con barba y un cántaro en la mano del que salen llamas; la *Primavera* [fig. 40] porta un cestillo con flores; el *Verano* [fig. 41] es un joven sujetando un haz de espigas (¿Triptólemo?); el *Otoño* [fig. 42] se representa como una doncella que alza con una mano un racimo de uvas y sujeta el manto con la otra.

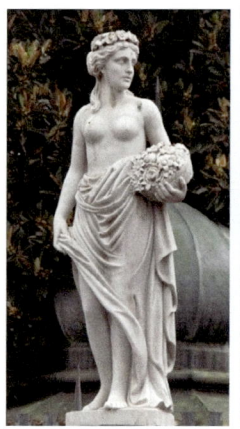 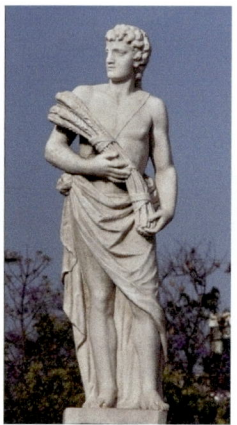 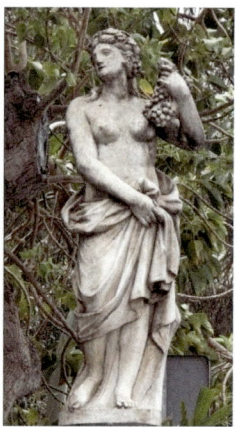 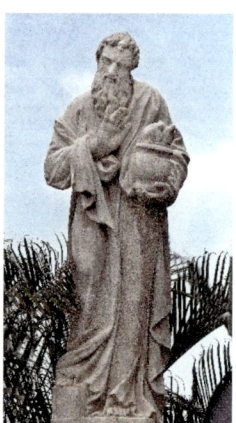

Fig. 40. *Primavera*   Fig. 41. *Verano*   Fig. 42. *Otoño*   Fig. 43. *Invierno*

En la **Alameda del Príncipe de Asturias de Santa Cruz de Tenerife**[97] se colocan las esculturas la *Primavera* (1866) [fig. 44] y el *Verano* (1866) [fig. 45], de tamaño natural, traídas también de Génova, aunque se desconoce el nombre del escultor, como es habitual en este tipo de esculturas; la primera, vestida con túnica dejando al descubierto hombro y brazo izquierdo, sostiene un ramillete de flores y ofrece con la mano derecha —hoy perdida— algunas rosas; la segunda, de mármol de Carrara, vestida con túnica más corta y sin mangas, con la cabellera recogida en un pañuelo, repliega la túnica hacia la cintura con la mano derecha y con la izquierda acaricia a una paloma; ambas se apoyan en troncos cortados e inclinan sus cabezas de forma simétrica y contrapuesta, con una expresión abstraída, propia del romanticismo. Fueron donadas por Manuel García Calveras.

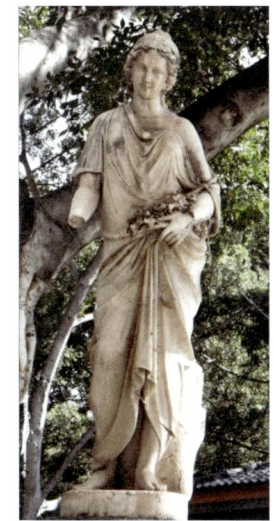 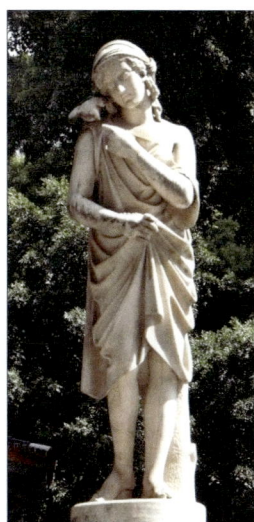

Fig. 44. *Primavera*   Fig. 45. *Verano*

En el **Parque Municipal García Sanabria** de la misma Santa Cruz de Tenerife volvemos a encontrarnos a las *Estaciones*, pero en este caso a las cuatro completas. Ubicadas en el Paseo Manuel Bonnín Guerín, son las cuatro esculturas que fueron donadas a la ciudad por el veneciano Francesco Genova (il Commendatore Gran Croce d' Italia) en 1862, como se indica en una cartela inferior. Están representadas por figuras femeninas portando atributos alusivos: una cesta con frutos, la *Primavera* [fig. 46]; un haz de trigo, el *Verano* [fig. 47]; un racimo de uvas, el *Otoño* [fig. 48]; un recipiente con llamas, el *Invierno* [fig. 49].

Además, durante un tiempo estuvieron expuestos en el estanque seis bustos mitológicos (obra de Angelo Cherubini Rafaello, segunda mitad del siglo XIX), procedentes de una casa derruida[98]: *Mercurio, Baco, Apolo, Venus, Diana* y uno no identificado, que hoy se encuentran en el Museo Municipal de Bellas Artes de Santa Cruz. Otra escultura[99], de diferente origen, permaneció aquí en algún período que se desconoce; se trata de *Una ninfa en la fuente*[100] (1866, mármol, 125x45 cm) obra de Felipe Moratilla y Parreto

(Madrid 1823/27-Roma 1908/09), que llegó al mismo Museo Municipal de Santa Cruz en julio de 1908 como un depósito del Museo del Prado y regresó de nuevo al Museo Municipal en 2010 (depósito) con el fin de restaurarla, tras haber sufrido un acto de vandalismo en el que perdió un brazo y su concha (previamente la escultura se había manipulado adaptándole un caño para que el león soltara el agua por la boca y la ninfa la recogiera en una concha que sostenía en la mano).

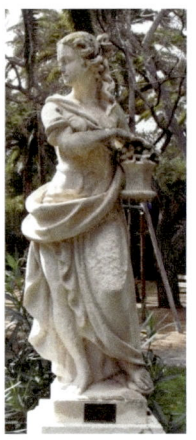 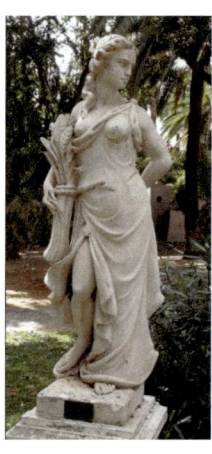 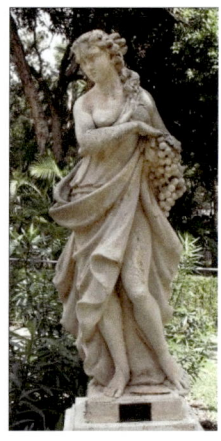 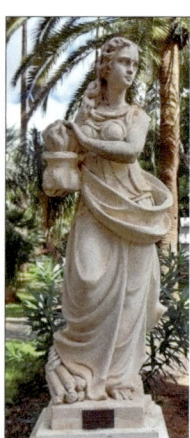

Fig. 46. *Primavera*   Fig. 47. *Verano*   Fig. 48. *Otoño*   Fig. 49. *Invierno*

En el mismo Parque Municipal, en el monumento dedicado a la memoria de García Sanabria (alcalde de Santa Cruz entre 1923 y 1930), se ubica la escultura alegórica *Fertilidad* (1938) de Francisco Borges Salas. Es una oronda figura femenina, alejada de los cánones clásicos. En los años cincuenta fue retirada por un concejal que consideró inmoral la exhibición de este exuberante desnudo femenino en un parque público.[101]

La fontana de la plaza Weyler (1899) de Santa Cruz, obra del genovés Achille Canessa, tiene estilo neorrenacentista: conchas, mascarones, *putti*, delfines y guirnaldas. La fuente[102], genovesa también, que estuvo en el patio del Hotel Camacho de la misma Santa Cruz de Tenerife y fue vendida a Inglaterra, contenía esculturas mitológicas: la gran concha de la taza se apoyaba sobre la espalda de tres mujeres, que probablemente representan a *Las Gra-*

cias, cogidas de la mano y bailando; en la taza superior, apoyada sobre un delfín, había una figura femenina desnuda desplegando un lienzo sobre su cabeza, probablemente *Venus*.

En el siglo XX se alternan los temas mitológicos con los alegóricos, y se ubican igualmente en espacios abiertos y jardines. En el centro de la ciudad de **Santa Cruz de Tenerife**, en una encrucijada de calles, un poco antes del Teatro Guimerá, en la calle Alfaro, se levanta sobre un elevado monolito una conocida escultura y símbolo de la compañía de seguros La Unión y el Fénix Español (1879-1998). Popularmente se la conoce como *Ganimedes sobre el ave Fénix* [fig. 51], pero, en realidad, el conjunto escultórico es una contaminación de dos mitos: el del ave Fénix, cuya vida se fijaba en quinientos años, y el del rapto del joven Ganimedes a manos de Júpiter disfrazado de águila. En otros edificios de la compañía se hallan esculturas similares; la más famosa quizás sea la que coronaba el edificio Metrópoli de Madrid, que data de 1915; la de Santa Cruz se cree que se colocó en los años sesenta. El brazo derecho levantado del joven ha resultado polémico por su supuesta alusión al saludo fascista. En realidad, la iconografía de estos Ganimedes sobre el ave Fénix responden a un modelo italiano (bronce, 62 cm de alt), creado por el escultor italiano Benvenuto Cellini (1500-1571) [fig. 50], en el que la posición del brazo izquierdo —inspirado, a su vez, en antiguas versiones clásicas, en las que la mano sostenía una pequeña ave, símbolo amoroso— está firme y en posición vertical, en un gesto amenazante para el águila. En Parque de San Telmo de Las Palmas hay un grupo similar [fig. 52] al de Santa Cruz, coronando el edificio que tenía la citada compañía en esta ciudad.

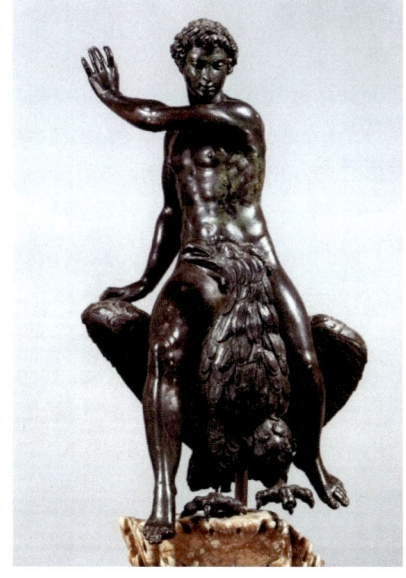

Fig. 50. *Ganimedes*, Cellini

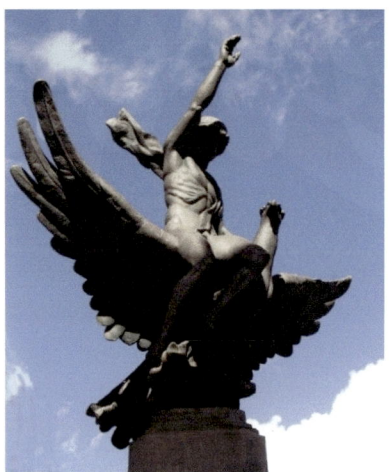

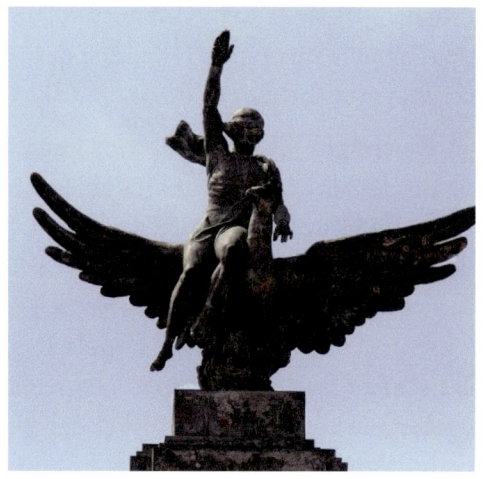

Fig. 51. *Ganimedes y el ave Fénix*,
Santa Cruz

Fig. 52. *Ganimedes y el ave Fénix*,
Las Palmas

De Santa Cruz de Tenerife destacamos también otras esculturas. En el **Monumento a los Caídos**[103] de la Plaza de España, realizado en 1944 por el arquitecto Tomás Machado, un relieve, obra de Enrique Cejas Zaldívar (1915-1987), representa a seis trabajadores canarios (cuatro masculinos y dos femeninos) en plena faena agrícola o pesquera subiendo unos peldaños) y, dentro de él, hay una figura femenina recostada en el suelo con una frondosa viña a sus pies [fig. 53], que nos recuerda a *Ariadna dormida* [fig. 54], exitoso tema aprovechado por la pintura y la escultura desde el Renacimiento en adelante; en este caso, además —no sabemos si esa fue la intención del artista—, la presencia de las viñas y las uvas refuerza la pertenencia de la joven al mito de Dioniso, el dios del vino, que al final se casaría con ella. De este Monumento resaltamos también la figura de la *Victoria*, ejecutada por Alonso Reyes Darias, más allá del valor político que tuviera en su momento (expresión de los ideales del Nacional-Catolicismo); la diosa emerge de una nave y porta tributos en las manos que se dirigen a los relieves laterales.

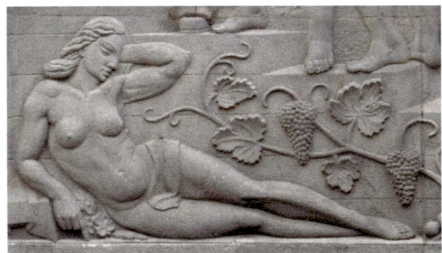

Fig. 53. Joven dormida, Monumento
a los Caídos

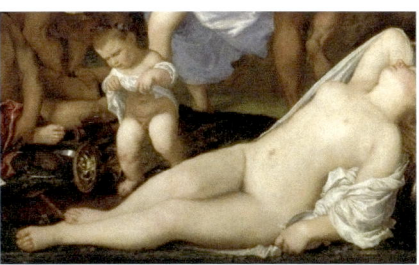

Fig. 54. Ariadna dormida, detalle de
Bacanal de Tiziano

Cerca de este Monumento se halla una escultura muy escenográfica que nos recuerda otro mito, el de **Dafne** convertida en laurel para escapar a la persecución de Apolo. En este caso la figura es masculina y sus pies ya se han convertido en las raíces de un árbol, mientras que sus manos sujetan una especie de enramado metálico [fig. 55]. Realizada en memoria del piloto automovilístico Juan Fernández García (Sabadell 1930-2020), fue donada en 2021 al Ayuntamiento de la ciudad.

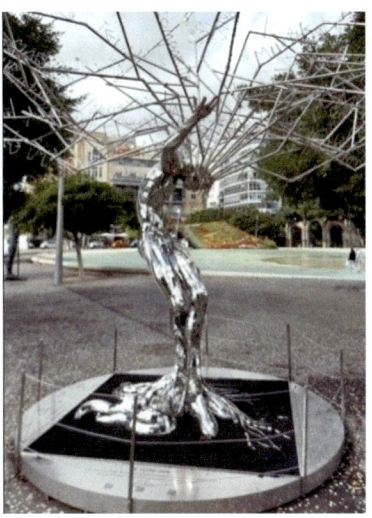

Fig. 55. Homenaje al piloto Juan
Fernández García

Los hoteles son un capítulo aparte. Las columnas y las esculturas clásicas son un denominador común de su decoración. Destacamos el **Cleopatra Palace Hotel** (Playa de las Américas), con su espectacular doble columnata coronada de dieciséis arqueras y las escenografías de sus piscinas, que, al parecer, pretenden reproducir la Villa de Adriano en Tívoli (Roma). En el centro de este nuevo Canopo se halla una copia de la *Victoria de Samotracia*, a la que rodean otras reproducciones de esculturas griegas muy conocidas [fig. 56].

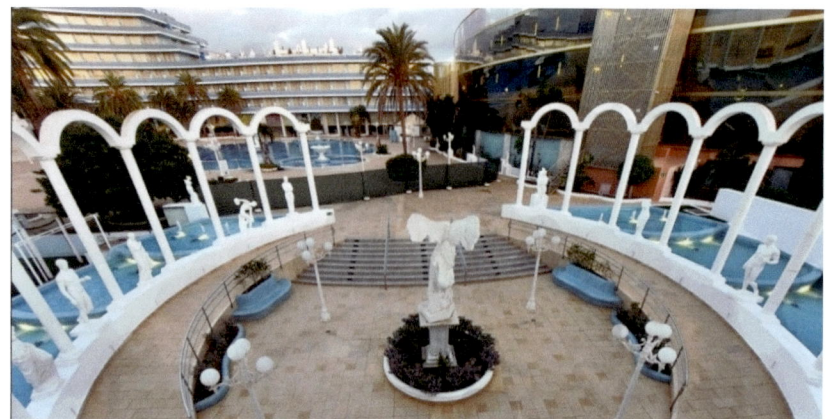

Fig. 56. Cleopatra Palace Hotel, Tenerife

Por lo que se refiere a **Las Palmas de Gran Canaria**, hallamos también numerosas esculturas mitológicas en este siglo XX, diseminadas por plazas y jardines. Comenzamos con *Dánae* (ca. 1944, piedra blanquecina de Tindaya, 78x76x62 cm) [fig. 57] de Plácido Fleitas[104] (Telde 1915-1972), exhibida en varias exposiciones (Las Palmas, Madrid y Barcelona) y situada en el **Parque Doramas**[105], a la entrada del Hotel Santa Catalina de Las Palmas; de gran belleza formal, aparece en el suelo expectante, con los brazos abiertos, apenas cubierta por un paño. Justo a la entrada del citado hotel, coronando la taza de una fuente se levanta una pequeña figura, también broncínea, obra del mismo Fleitas, con aspecto de ninfa, que sujeta un cántaro del que mana agua; detrás del hotel, una *Sirena* —encargada a una fábrica de la península en los años noventa del siglo XX— corona una pequeña fuente. En el centro del parque se encuentra otra escultura mitológica de bronce, compuesta por una figura femenina sentada entre las aguas del mar, que identificamos como *Venus* (o *Anfitrite*) [fig. 58]; la acompañan, a sus pies, tres niños tritones, de los que uno hace soplar una caracola.

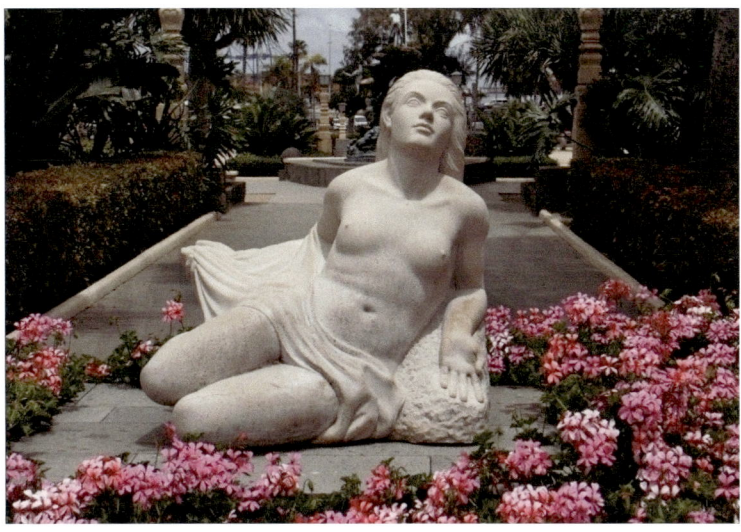

Fig. 57. *Dánae*, Plácito Fleitas

Justo a la entrada de este mismo Parque Doramas se instaló en 1981 el *Monumento Atis Tirma*[106], un conjunto escultórico (un basamento de 6 m de altura, tres figuras masculinas y una femenina) en bronce y piedra, inserto en un estanque rectangular, en el que se representa a varios aborígenes canarios (entre ellos, Tasarte y Bentejuí), que prefirieron arrojarse —dando el grito patriótico de "Atis Tirma"— desde un risco antes que entregarse a los conquistadores en 1479. Destaca de este conjunto, obra del escultor local Manuel Bethencourt Santana (1931-2012), el dinamismo y la ingravidez de las figuras, que no apoyan los pies en el suelo en su intento de lanzarse al vacío. La figura femenina nos recuerda a la *Atlántida* de Plácido Fleitas, que se exhibe en el Museo de Colón.

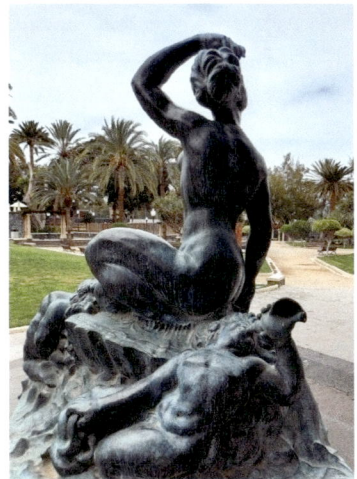

Fig. 58. *Venus*, Parque Doramas

En los jardines del **Ayuntamiento** de Las Palmas se encuentra la escultura *Nacimiento de Gran Canaria* (1947), obra de Abraham Cárdenes Guerra.

En los jardines que dan acceso al antiguo **Muelle Grande** de la misma ciudad se halla una *Mater Insula* de Juan Márquez Peñate, donada en 1956 en gratitud por la beca que treinta años antes le había concedido el Ayuntamiento para estudiar en París; se trata de una maternidad que exalta a la mujer y a la tierra canaria. En el **Parque del Rincón** por la carretera del norte de Las Palmas vemos otra escultura: *Monumento al atlante*[107] (1986, 8,5 m de altura, piedra volcánica) [fig. 59] de Antonio (Tony) Gallardo Navarro (Las Palmas, 1929-1996), en la que simboliza al mismo tiempo el nacimiento de unas islas y el hundimiento de un continente.

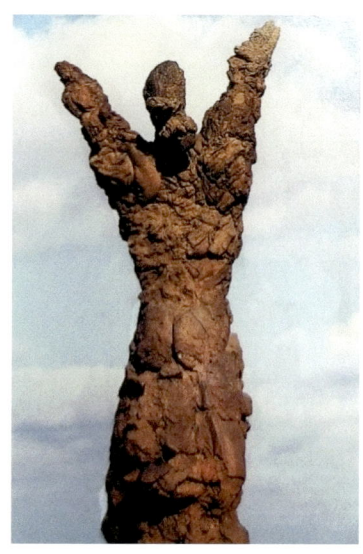

Fig. 59. *Monumento al atlante*, Gallardo

Miguel Navarro (Mislata, Valencia, 1945) es autor de *Argos [el vigía]* (2000), figura totémica cercana al arte pop, característica del humor del autor valenciano, que la define como un gigantesco soldadito de plomo que vigila la Ciudad Alta (distrito de Las Palmas), a la par que actúa como faro, pues el mar se siente cerca[108].

En el **barrio de San Juan** de Las Palmas, en la subida a la plaza de la Batería de San Juan (hoy, plaza del Sol Naciente), se encontraba el conjunto escultórico de *Ulises y el odre de los vientos*, realizado en 1989 por el ya mencionado Máximo Riol Cimas[109]. Es una obra simbólica, no figurativa, formada por dos piezas rectangulares elevadas que flanquean una escalinata; sólo se conserva la parte derecha, pues la izquierda fue retirada para construir la planta superior de un local social (en torno al año 2000).[110]

En la sede de la **Fundación Mapfre Guanarteme** de Las Palmas el escultor isleño Manuel González Muñoz realizó en 1992, dentro de la fuente

54

que antecede al aula cultural, una figura en bronce, el *Atlante de Guiniguada*, que por su expresión desesperada parece sostener sobre sus hombros los grandes problemas de la civilización actual.

En los jardines anexos al **Real Club Náutico de Gran Canaria**, en Las Palmas, se colocó un grupo escultórico denominado *Olímpicos* el 11 de diciembre de 2002, obra de Juan Bordes Caballero (Las Palmas, 1948). Se compone de un grupo de torsos atléticos [figs. 60-61], inspirados en el arte clásico, de acero cortén, ubicados junto a unas lápidas en las que están inscritos los nombres de los 59 olímpicos de la provincia de Gran Canaria hasta ese momento, número que se ha ido progresivamente ampliando (Atenas 2004 y Pekín 2008).[111]

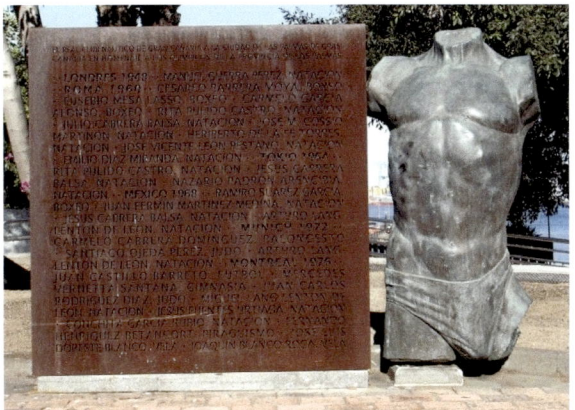 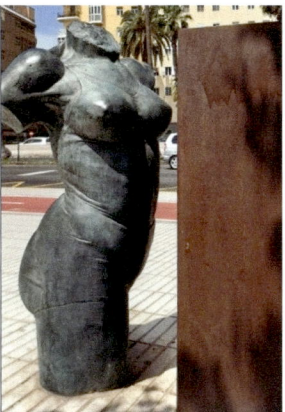

Fig. 60. *Olímpicos*, Club Náutico   Fig. 61. *Olímpicos*, Club Náutico

Manuel González Muñoz[112] (Las Palmas de Gran Canaria, 1965) es autor de la escultura ***Exordio-Tritón*** (2011, 9 m de alto, 6 m de ancho y un peso de 6 toneladas) [fig. 62], situada en la Punta de Palo, sobre la playa de La Laja en las Palmas de Gran Canaria. Está inspirada en *Las Rosas de Hércules* del escritor canario Tomás Morales. El dios marino, hijo de Neptuno y Anfitrite, muestra su naturaleza híbrida en la larga cola de pez entrelazada[113]; con la mano izquierda hace sonar una caracola mientras que con su derecha extendida señala hacia la ciudad como gesto de acogida a los visitantes que llegan por la autovía. Leopoldo Emperador (Las Palmas, 1954), a su vez, realiza la escultura *Themis*[114] *en el jardín de las Hespérides* (2004, bronce de 3 m de alto), situada en la Avenida Marítima de Las Palmas, junto a los juzgados, erigida en honor de la Justicia y de sus administradores.

Atendiendo ahora a los pueblos de las distintas provincias canarias, sorprende el gran número de esculturas encontradas en la isla de **Gran Canaria**.

En la playa de Melenara en **Telde** (Gran Canaria) se colocó en 2001 sobre un pequeño promontorio de roca natural una estatua de bronce de *Neptuno saliendo del mar*[115] [fig. 63], obra del escultor Luis Tomás Arencibia Betancor (Telde 1946-Leganés 2021), de 4,20 m de altura. Con buen tratamiento anatómico, porta corona y tridente (5,50 m) y una concha de mar cubre las partes pudendas; su pose en general nos recuerda al *Doríforo* de Policleto y al *Poseidón* del Museo Arqueológico de Atenas, aunque el mismo artista manifiesta que se inspiró en modelos anatómicos franceses del siglo XVIII. La escultura ha tenido que ser restaurada en varias ocasiones, víctima de las olas del mar y del vandalismo. En 2010 perdió el brazo que sostenía el tridente y fue restaurada en 2017.

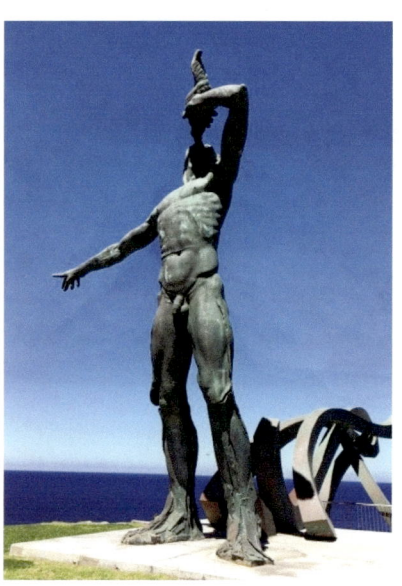

Fig. 62. *Exordio-Tritón*, M. González

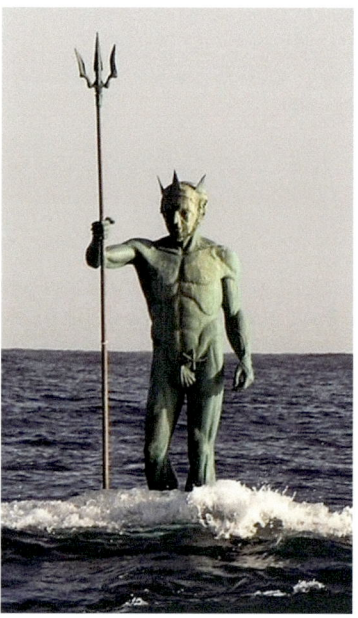

Fig. 63. *Neptuno saliendo del mar*, L. Arencibia

En los parques Arnao y San Juan de **Telde**[116] se ubican interesantes esculturas mitológicas y alegóricas. En el primero encontramos, insertas en una fuente, *Tres sirenas* (2002, 3 m alt.) [fig. 64], de marcado escorzo y rostro sereno, de Luis Tomás Arencibia Betancor, que es autor también de una *Sirena* en la plaza de la Inmaculada de Leganés, ciudad en la que pasó gran parte de su vida, y de un *Tritón* en la fuente de la calle Monegros de la misma ciudad. En homenaje a la Escuela Lírica de Telde Arencibia realiza la escultura de bronce *Musa de la Poesía*, mujer con larga cabellera y senos al descubierto en actitud yacente, y para la plaza de San Pedro Mártir del mismo Telde, *Faycán* (2002, bronce, 4 m de alt.), un canario joven y fornido, cubierto parcialmente por pieles, sujetando desafiante un bastón largo (a sus pies se ubica una fuente para la que también modeló unas cabezas de Medusa).

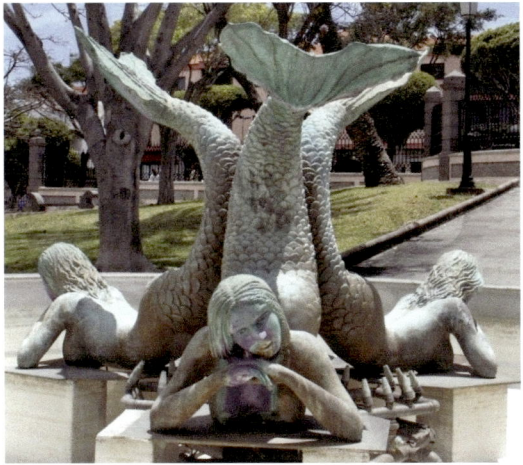

Fig. 64. *Tres Sirenas*, L. Arencibia, Parque Arnao

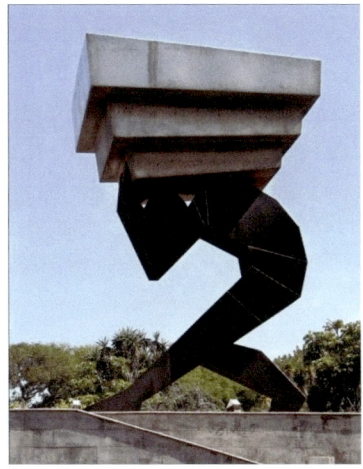

Fig. 65. *Atlas*, Silva Falcón, Parque de San Juan

En la rotonda situada a la entrada nordeste del **Parque de San Juan** se levanta el conjunto escultórico *Atlas* [fig. 65] del artista teldense Salvador Silva Falcón[117] (Telde, 1963), inaugurado el 30 de octubre de 1998 con motivo de las II Olimpíadas Municipales. Fue condenado por Júpiter a soportar continuamente la bola del mundo por haberse puesto de parte de los Titanes en la lucha que éstos mantuvieron con los olímpicos. Como materiales se utiliza hormigón armado en la base escalonada (sirve de podio para hacer entrega de premios a los deportistas), acero cortén en la figura humana y acero inoxidable en el capitel, que también hace de pebetero, con forma de pirámide escalonada invertida. La altura del conjunto alcanza los 8 m: 2 m de base y 6 m el resto.[118]

En la entrada del parque el artista teldense Plácido Fleitas presenta un conjunto escultórico, *Magia de la Naturaleza*[119] (inaugurado en 1999, pero realizado en 1963), formado por doce esculturas de desarrollos verticales y horizontales, horadadas, no figurativas, que recuerdan al escultor británico Henry Moore; se representan, entre otros temas, *Laoconte y sus hijos* [fig. 68] y *Las tres Gracias* [fig. 69]. Más adelante encontramos *El jardín de las Hespérides* (2001) [figs. 66-67], siete piezas abstractas realizadas en bronce por Máximo Riol Cimas (Lorca, 1948, pero asentado en Gran Canaria desde 1961), que representan al archipiélago canario con los perfiles abiertos de sus siete islas, destacando el espacio interior de todas ellas, con una única entrada y salida. Este conjunto escultórico se enmarca dentro de su serie *Hábitat* o *Domus*, en la que trata de fusionar la mitología clásica con el mundo prehispánico insular de las casas-cuevas[120].

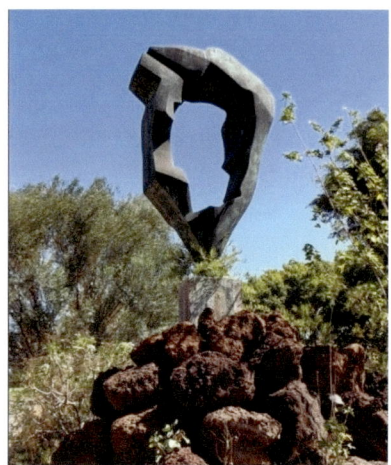

Fig. 66. *El jardín de las Hespérides*, Máximo Riol

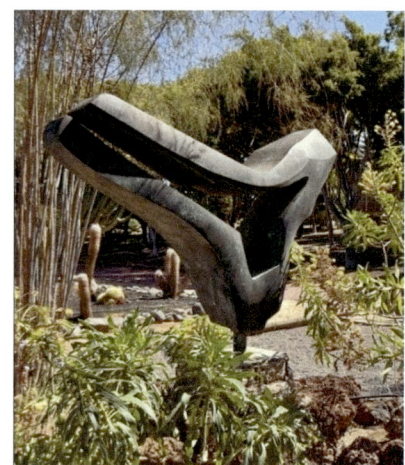

Fig. 67. *El jardín de las Hespérides*, Máximo Riol

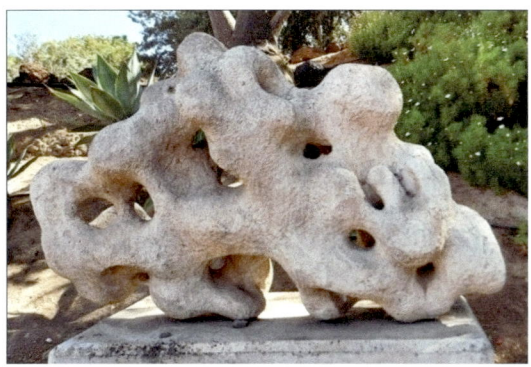

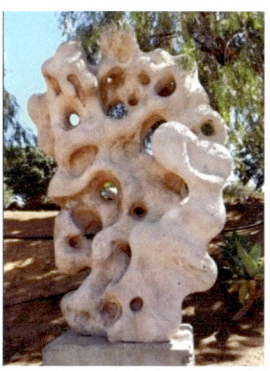

Fig. 68. *Magia de la Naturaleza*, Plácido Fleitas, Parque San Juan

Fig. 69. *Magia de la Naturaleza*

En la plaza del **Palacio de la Justicia** de Telde se instala en 2003 la escultura en bronce (patinado en dorado) titulada la *Ponderación* —como se lee en el pequeño pedestal— o la *Justicia* [fig. 70] de Juan Bordes Caballero (Las Palmas, 1948). Se representa como una mujer de pie y desnuda, con cuerpo adiposo, que nos recuerda las anatomías obesas del escultor griego Lisipo o del pintor barroco Rubens; está de pie y muestra por todo el cuerpo numerosas marcas unitivas. Alza sus brazos para sostener la barra que simbolizaría la balanza de la Justicia. La figura muestra un marcado *contrapposto*, apoyándose en su pierna derecha que tiene adelantada. Un espacio de la fachada está dedicado a frases latinas relacionadas con la justicia.[121]

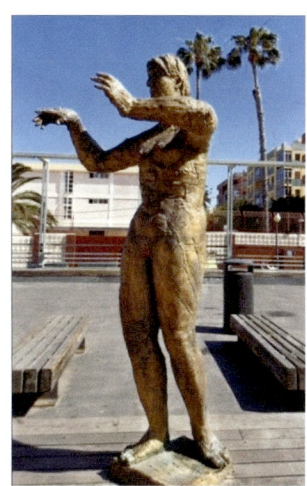

Fig. 70. Ponderación/*Justicia*

En los jardines de la **Casa de la Cultura** de Telde se halla una escultura de carácter abstracto y tratamiento geométrico (2 m de altura por 1 m de anchura y profundidad), realizada en hormigón armado por Máximo Riol Cimas[122] en 1986. Consta de cinco piezas rectangulares horadadas en el interior y abiertas en los extremos inferior y superior. Esta obra es la primera de su serie

Domus, que es una alusión al útero materno y a la vivienda prehispánica en forma de cueva. Evoca, como se puede intuir, el complejo palaciego que el emperador romano Nerón se hizo construir entre el monte Palatino y el Esquilino tras el incendio de Roma, cuyo descubrimiento a finales del siglo XV fue tan transcendental para la decoración del grutesco.[123]

En el municipio de **Mogán**, en el Hotel Cordial Valle, se encuentra la escultura de *Céfiro* (acero inoxidable-bronce, 12x1,40x1,20 m), obra de Manuel González Muñoz. Sin salir de este municipio, a la salida de los túneles de Arguineguín, Ana Luisa Benítez Suárez esculpió en 2003 en bronce de tamaño natural *La diosa del mar*.

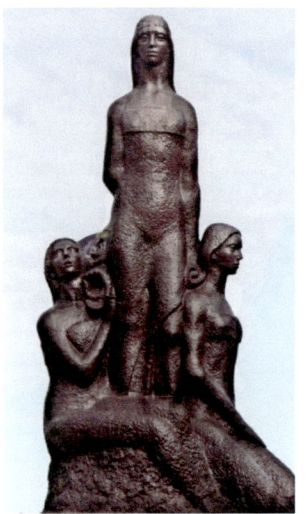

Fig. 71. *Monumento a las Guayarminas*, Gáldar

En **Gáldar**, que fue capital de la isla durante la época de los guanartemes, Juan Borges Linares (San Isidro de Gáldar, 1941-2004) hizo, a la entrada de la ciudad, el *Monumento a las Guayarminas*[124] [fig. 71], inaugurado en 1985, en el que se conmemora a las tres últimas guayarminas o princesas de Gran Canaria (Masequera, Arminda y Tenesoya) y, por extensión, a la mujer indígena, que jugó un papel muy destacado en la sociedad aborigen. La figura central está de pie y las laterales, sentadas, vestidas con los trajes que utilizaban las mujeres prehispanas.

En **Arucas**, en la rotonda del barrio de Santidad, José Luis Marrero hizo en 2010 un monumento a Doramas, denominado *Volcán de Doramas* [fig. 72], el héroe canario muerto por Pedro de Vera en la batalla de Arucas (20 de agosto de 1480).

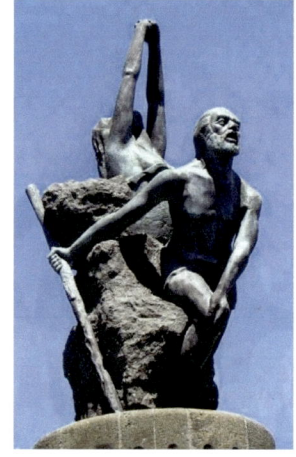

Fig. 72. *Volcán de Doramas, Arucas*

En la plaza de la Mujer en **Teror** Manolo González (Las Palmas, 1965) dedica una escultura *A la mujer*. Este escultor realizó la exposición *Ícaro* en el exterior del Museo de Arte Contemporáneo de México en el mes de julio de 2004.

Los pueblos de la isla de **Tenerife**, por su parte, no dejan de sorprendernos igualmente con interesantes muestras. Sobre la escalinata de la balaustrada de acceso a la plaza Luis de León y Huerta (ca. 1883) de **Icod de los Vinos** el Ayuntamiento ha colocado también esculturas de las cuatro estaciones, tema, como vemos, muy requerido en la isla; la *Primavera* [fig. 73] porta en cada mano un puñado de frutas; el *Verano* [fig. 74], un haz de trigo; el *Otoño* (figura masculina) [fig. 75], un cuenco con uvas; el *Invierno* (anciano que se resguarda en su manto) [fig. 76] ha sido retirado para su restauración, tras sufrir destrozos por vandalismo. Su aspecto es más neoclásico que en los ejemplos anteriores.

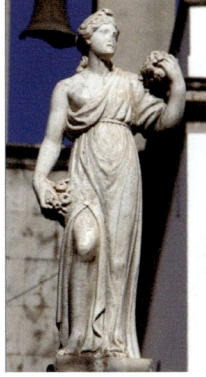 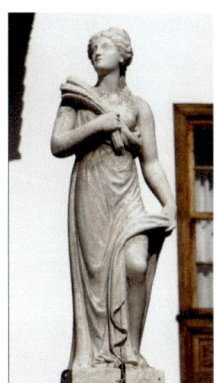 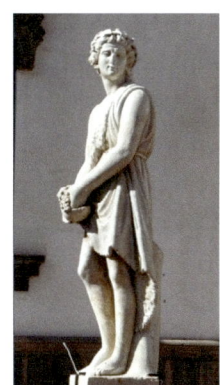 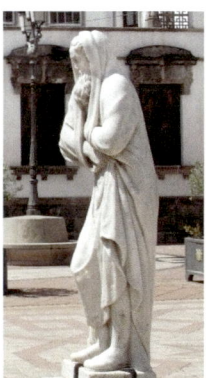

Fig. 73. *Primavera*   Fig. 74. *Verano*   Fig. 75. *Otoño*   Fig. 76. *Invierno*

En el centro del patio del Convento del Espíritu Santo[125]—hoy Biblioteca Municipal— de esta misma ciudad de **Icod de los Vinos** encontramos una escultura inesperada, *Neptuno* [fig. 77], sobre una bella fuente de cantería[126], de estilo neoclásico incipiente, con una pila curvada decorada de cuatro hojas de acanto; la taza es sostenida por un astil en forma de un ancho balaustre. La estatua del dios, de gran tamaño y realizada en mármol travertino en algún taller italiano, habría que datarla en el siglo XVIII por su estilo barroco. Probablemente sea la primera escultura de Canarias, de origen italiano, dedicada a un personaje de la mitología clásica. El dios se representa desnudo, apenas cubierto por un lienzo que desciende desde el hombro derecho y se apoya en un delfín con fauces abiertas (en su momento se intentó que funcionaran como surtidor, en vano), cuya cabeza es pisada por la pierna izquierda flexionada del dios; éste dirige su cabeza hacia un lado —su larga barba se contrapone a este movimiento— y mira a lo alto con un gesto serio. En realidad, son dos piezas independientes; al no disponer de documentación, no sabemos si la escultura fue adaptada a la fuente, o ésta a la escultura. Según una antigua tradición de Icod, la escultura había sido ofrecida a los frailes por unos viajeros italianos por haberle dado alojamiento, aunque resulta extraño que se colocase en lugar tan preeminente de un edificio religioso a un dios pagano; no es probable, sin embargo, que se introdujese en una época posterior, cuando los frailes abandonaron el convento, por el deterioro en que éste se hallaba. Tal vez, cuando la propiedad del inmueble pasó al ramo de

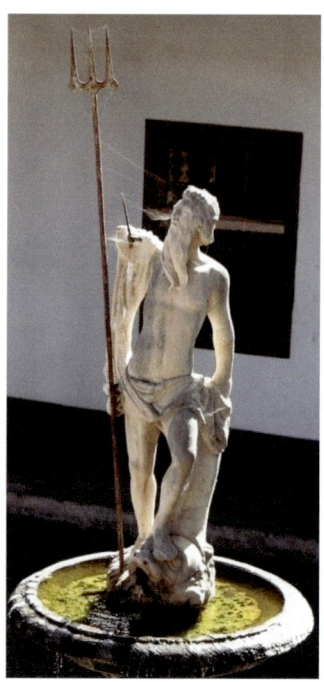

Fig. 77. *Neptuno*, Convento del Espíritu Santo

Guerra, a mediados del siglo XIX, se decidiera llevarla a la plaza de San Agustín, donde permaneció hasta mediados del siglo XX, fecha en que vuelve a su antiguo emplazamiento. Probablemente en el primer traslado, la escultura perdería el brazo derecho, que iría levantado sosteniendo el tridente (hoy se desconoce su paradero). Popularmente el dios se conocía en Icod como "Santo del belgo", porque el tridente recordaba al apero para aventar trigo.

En el paseo marítimo de **Candelaria** se instaló en 1993 un grupo de nueve esculturas en bronce [fig. 78], realizadas por el escultor lagunero José

Abad, que representan a los reyes guanches o menceyes que gobernaban Tenerife en el momento de la conquista (1496). Los guanches adoraban a una diosa nativa llamada Chaxiraxi, que significa "la que sostiene el firmamento". La devoción a la virgen de la Candelaria, patrona de la Islas Canarias junto con la Virgen del Pino de Gran Canaria, es fruto de un sincretismo entre la diosa nativa y la Virgen María.

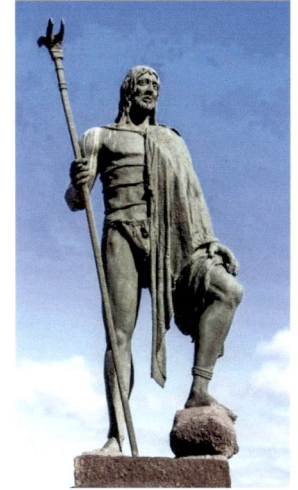

Fig. 78. Rey mencey o guanche, Candelaria

En la época (1404) en que el normando Jean de Bethencourt conquista **Fuerteventura** la isla estaba dividida en dos demarcaciones territoriales o reinos, gobernados por Ayoze, al sur, y Guiza, al norte. Viendo éstos la superioridad de sus conquistadores decidieron rendirse[127], recibiendo a cambio algunas prebendas. Emiliano Hernández García[128] (Teguise 1933) realizó un *Monumento a Ayoze y Guiza* [fig. 79] en un mirador cercano a Betancuria.

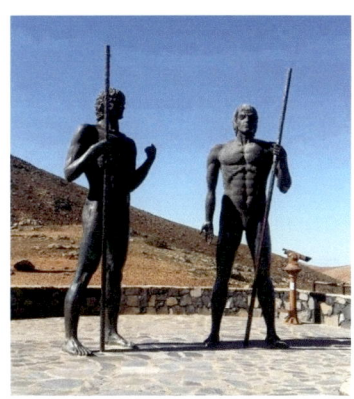

Fig. 79. *Monumento a Ayoze y Guiza*, Betancuria

II.4. Esculturas en museos

De las esculturas albergadas en museos, destacan las del **Museo de Bellas Artes de Santa Cruz de Tenerife**, que contiene obras datadas entre los siglos XVI y XX, de las que seleccionamos, a la entrada del museo, los bustos de *Artemisa de Versalles* [fig. 82] y *Apolo de Belvedere*[129] [fig. 81], copias de Angelo Cherubini[130] (1838-?), artista italiano residente en Santa Cruz de Tenerife; *Ménades celebrando las Tristérides*[131] (Roma 1909, bajorrelieve en yeso) [fig. 80] de José Capuz Mamano[132] (Valencia 1884-Madrid 1964); se representan tres figuras femeninas danzando en pleno ritual dionisíaco: una porta a sus espaldas un cordero y en la mano derecha un puñal con el que acaba de sacrificar al animal; la del centro, la única vestida, sujeta con su mano izquierda lo que parece un pequeño instrumento musical; la tercera golpea una gran pandereta.

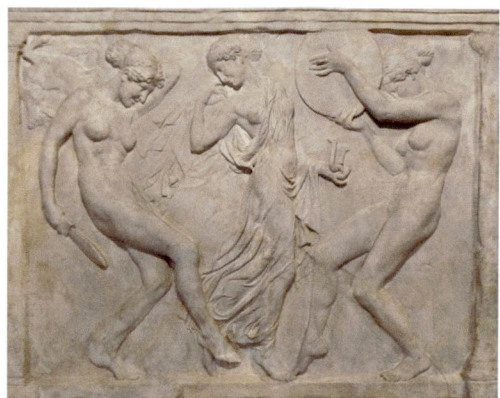 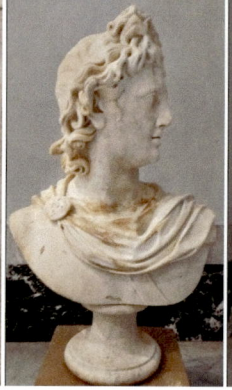 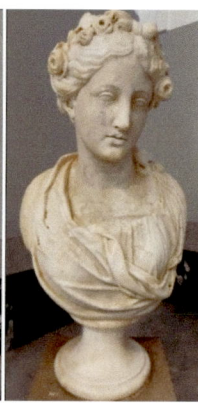

Fig. 80. *Ménades celebrando las Tristérides*   Fig. 81. *Apolo*   Fig. 82. *Artemisa*

En la primera planta la *Venus negra* (ca. 1947, madera de ébano, 72,5 cm) [fig. 83] de Miguel Márquez Peñate[133] (1911-1980): desnudo femenino de pie con las manos colgando y sosteniendo un leve paño; *La Agricultura* (boceto, yeso) [fig. 84] de José Alcoverro y Amorós (1835-1910); *Serenidad* (ca. 1933, yeso) de Francisco Borges Salas: figura masculina yacente, al parecer muerta; en una vitrina se encuentra una pequeña reproducción de la famosa *Venus Calipigia* ("de bellas nalgas") de época helenística, conservada en el Museo Arqueológico de Nápoles. En la segunda planta: el grupo escultórico de *Amor y Psique* (alabastro) [fig. 85], copia del italiano Antonio Canova (1757-1822).

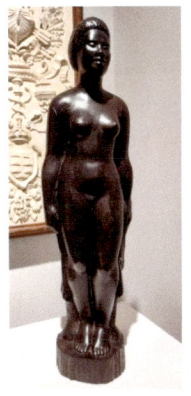 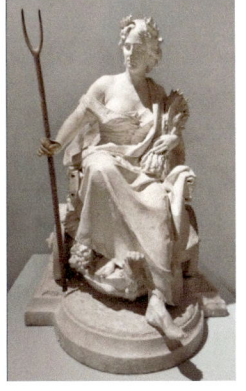 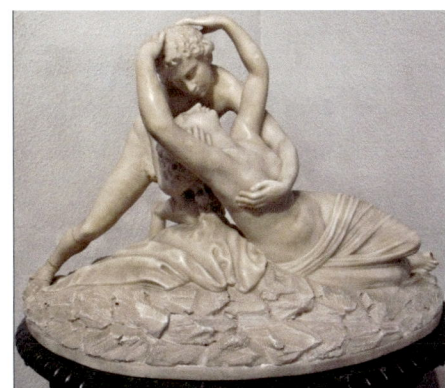

Fig. 83. *Venus negra*   Fig. 84. *La Agricultura*   Fig. 85. *Amor y Psique*, copia de Canova

La **Real Academia de Bellas Artes de San Miguel Arcángel** (Santa Cruz de Tenerife) alberga una amplia colección de pintura y escultura. De esta última señalamos una obra de Manuel González Muñoz, *San Miguel Arcángel versus Apolo-Dioniso* (2013, malla metálica de acero inoxidable sobre base de mármol), grupo de gran dinamismo y estética clasicista: en torno a un eje vertical se construye una figura desnuda acéfala sostenida por un pequeño niño alado (¿Cupido?) en actitud de iniciar el vuelo.

En **Las Palmas**, la **Casa de Colón**, inaugurada en 1951 y ubicada en una casona del siglo XVI, alberga una amplia colección de obras de arte. En realidad, hace las funciones de un Museo Provincial de Bellas Artes, en tanto se construye el nuevo Museo de Bellas Artes de Las Palmas. Alberga el fondo del escultor Plácido Fleitas[134], del que entresacamos dos bajorrelieves[135]: *Las tres Gracias* (1945, madera de cedro y barbuzano, 68x80x5

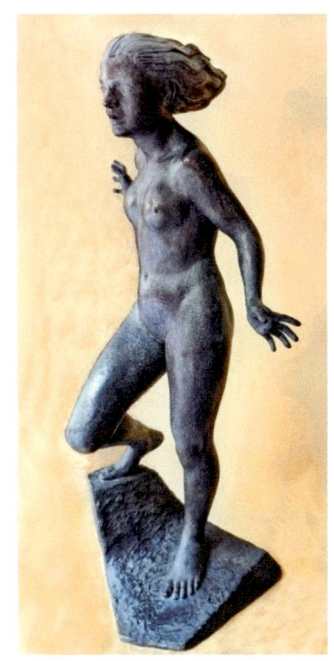

Fig. 86. *Atlántida*, Plácido Fleitas

cm, exposiciones en Las Palmas, Madrid, Barcelona, Telde) [fig. 87]; aparecen tres jóvenes desnudas de pie en diversa postura —solo dos se agarran—, con una gacela en el extremo izquierdo y árboles de fondo). Y *Antígona* (ca. 1945, madera de cedro y barbuzano, 100x67 cm, expuesto en Las Palmas, Madrid y Barcelona) [fig. 88]: la joven abraza cariñosamente a su padre el rey Edipo, mientras son golpeados por el viento, como muestran sus ropajes, en su camino del destierro, tras haberse cegado al conocer que había cometido —aunque involuntariamente— incesto con su madre; el gesto de su mano apoyada en su frente indica remordimiento. En el patio se expone el vaciado en bronce la *Atlántida* (ca. 1946, 105x70x40 cm) [fig. 86], desnudo femenino azotado por el viento: la leyenda de la Atlántida, tratada por Platón en sus diálogos *Critias* y *Timeo*, ha ejercido siempre una especial atracción entre los artistas canarios. Del mismo patio en que se encuentra esta escultura resaltamos los capiteles, en los que se representan cabezas aladas, probablemente de esfinges más que de ángeles.

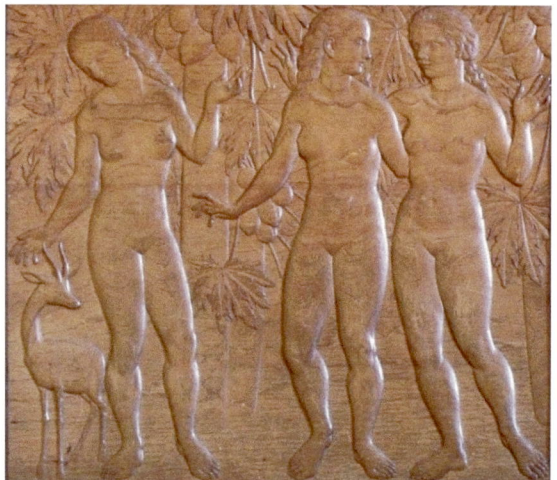

Fig. 87. *Las tres Gracias*, Plácido Fleitas, Casa de Colón

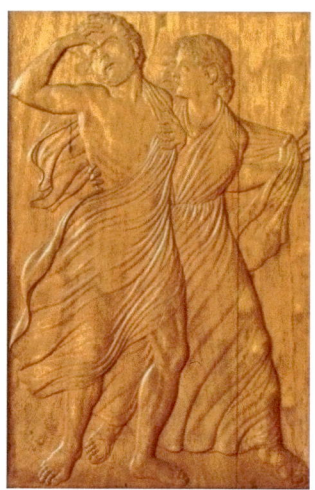

Fig. 88. *Antígona*, Plácido Fleitas, Casa de Colón

La **Casa Museo León y Castillo**[136] de Telde (Gran Canaria), formada por dos edificios construidos entre finales del siglo XVII y principios del

XVIII, fue convertida en museo en 1954 como homenaje a los hermanos Fernando y Juan de León y Castillo, que aquí vivieron y destacaron —cada uno en su campo: el primero como político y coleccionista y el segundo como arquitecto— en la historia insular canaria. Los temas mitológicos se encuentran, sobre todo, en esculturas y relojes de mesa de origen francés, anónimos de finales del siglo XIX. En la sala de actos oficiales vemos un reloj decorado con el grupo escultórico de *Héctor despidiéndose de su esposa Andrómaca y de su hijo Astianacte* [figs. 89-90], escena famosa tomada del canto VI de la *Ilíada* de Homero; en la parte inferior exhibe un relieve dorado con la escena de *Baco montado en su carro*, tirado por un sátiro y dos niños; el dios, cubierto por una piel de animal, sujeta un tirso con la mano izquierda y con la derecha ofrece su copa a un sátiro niño para que se la llene.

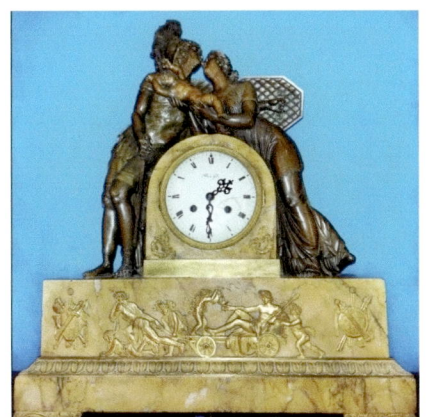 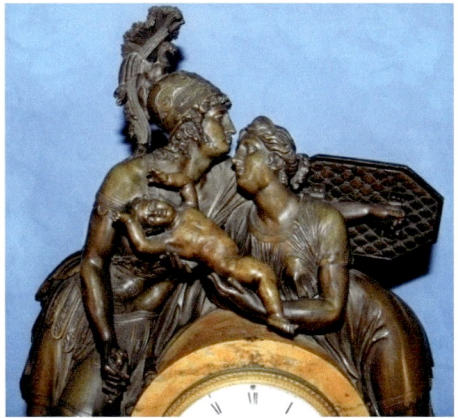

Fig. 89. *Despedida de Héctor y Andrómaca*, reloj

Fig. 90. Detalle de *Despedida de Héctor y Andrómaca*

En otra sala destacamos un cuadro de gran tamaño sobre la *Justicia*, que con una mano mantiene en alto la balanza y con la otra sujeta el cuello de un avestruz; y una escultura de *Minerva* (bronce, 61x30x27 cm), armada con coraza, casco y lanza, pisando la cabeza de un enemigo; la cartela adjunta la identifica como *España como dueña del mundo*.

En otra sala se reproduce el despacho que tenía Fernando en París, donde fue embajador durante 28 años; sobre unas estanterías de media altura se exponen varias objetos; dos jarrones de bronce decorados con la misma escena en relieve en el cuerpo central [fig. 91]: *Una ninfa acaricia a un sátiro dormido* en pleno bosque, rodeados de cupidos; en el reverso es el sátiro quien acaricia a la ninfa[137]; dos estatuillas de bronce de finales del siglo XVIII con escorzo similar, apoyadas en cabezas humanas se disponen a iniciar el vuelo: *Alegoría de la Fama* [fig. 92] (presenta una iconografía muy peculiar, propia del Renacimiento; en lugar de trompeta sujeta una barra que parte de su boca, que simboliza las palabras que salen de nuestra boca y dan lugar a la fama[138]) y *Mercurio*[139] [fig. 93], apenas cubierto con el pétaso y los talares, en pose de volar, mientras sujeta en ambas manos lo que parecen ser sendas bolsas de dinero[140]; dos relojes franceses de bronce del siglo XIX: uno contiene la escultura de una joven vestida al modo clásico y el

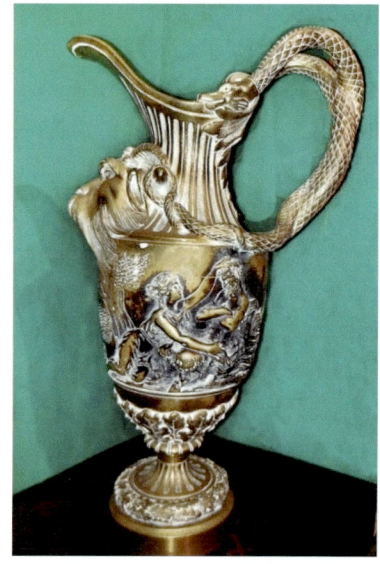

Fig. 91. Jarrón con *Ninfa y sátiro*

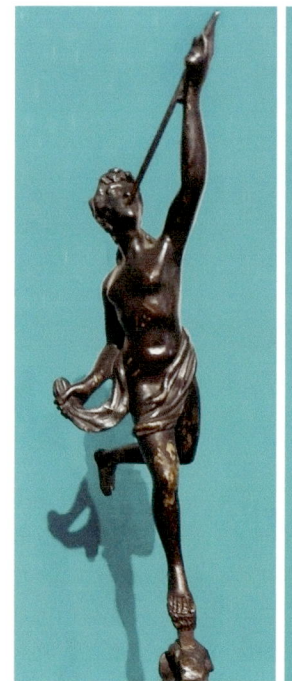
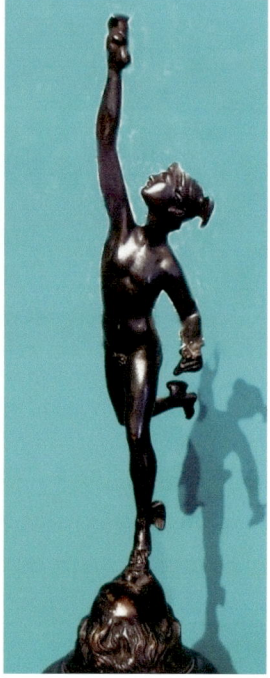

Fig. 92. *La Fama*   Fig. 93. *Mercurio*

otro, la escultura de *Cupido niño* sujetando un libro abierto[141]; una reproducción del siglo XIX de la escultura helenística del *Niño de la espina* (bronce policromado, 30x20x24 cm).

En otra dependencia, otro reloj francés del XIX, obra de Auguste Moreau, con la escultura de *Diana cazadora* sujetando el arco en su mano derecha. En el patio se exhibe el busto en piedra de *Doramas* de Plácido Fleitas.

El **Museo Municipal de Arucas** (Gran Canaria) alberga una importante colección de escultura, de temática alegórica y figuración clásica en su mayoría, obra de Abraham Cárdenes y de sus discípulos: *Poesía* (piedra) de Manolo Ramos; *Escultor en reposo* (escayola patinada) [fig. 94] de Tony Gallardo; *Desnudo* [fig. 96] de autor desconocido. De tema mitológico señalamos *Esfinge* (piedra) [fig. 97], de rasgos aborígenes, de Agustín León Bautista y *Pomona*[142] (piedra aglutinada) [fig. 95] de Abraham Cárdenes. De la cultura aborigen destaca *Guayarmina* (piedra aglutinada) [fig. 98] de Juan Quevedo Méndez. A la entrada del Museo y en el patio trasero se han ubicado otro grupo de esculturas, en su mayor parte de temática alegórica, aunque algunas están sin identificar: *Yo soy la verdad* de Abraham Cárdenes; *Maternidad-Espera* de José Reyes Arencibia; *Esperanza* de Manuel Bautista Sambola; *Desesperación* de Francisco Ramos; un desnudo femenino tendido nos recuerda a la *Ariadna dormida* de Tiziano.

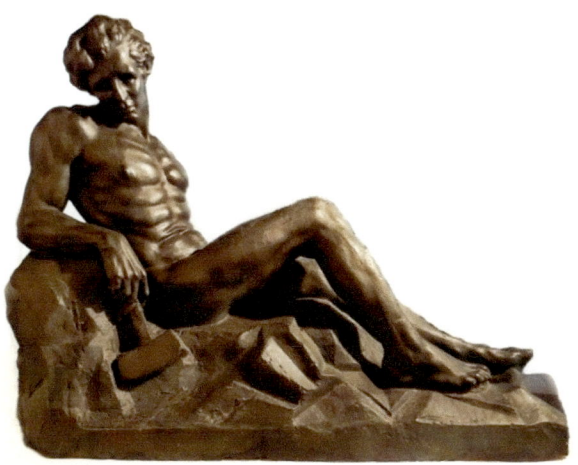

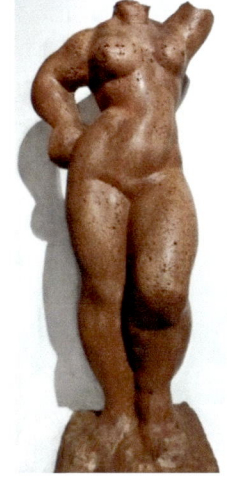

Fig. 94. *Escultor en reposo*, Tony Gallardo   Fig. 95. *Pomona*, A. Cárdenes

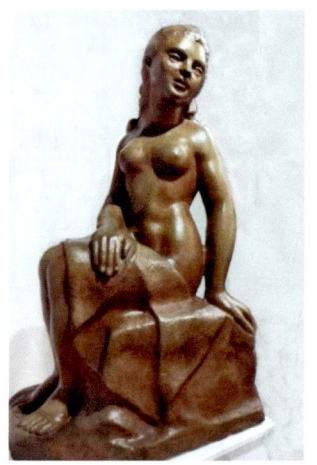

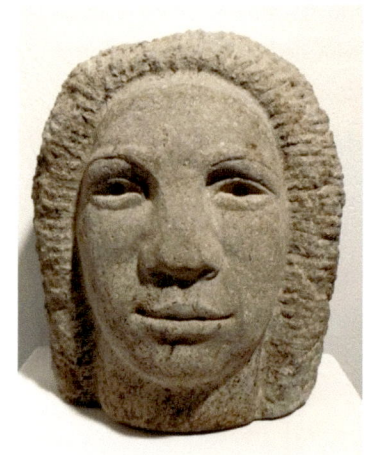

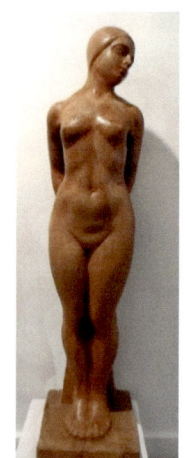

Fig. 96. *Desnudo*, alumno de Cárdenes   Fig. 97. *Esfinge*, León Bautista   Fig. 98. *Guayarmina*, J. Quevedo

El **Museo Agáldar** recrea la evolución histórica de la ciudad de **Gáldar** desde sus primeros pobladores hasta el siglo XX, un trecho de más de quince siglos. Inaugurado en 2009, está ubicado en la casa del Capitán Quesada, el que promovió el Templo Matriz de Santiago de 1778, que es uno de los mejores ejemplos de edificio neoclásico en las Islas Canarias. Precisamente este templo es el punto de llegada del Camino de Santiago Canario —otro de los atractivos de

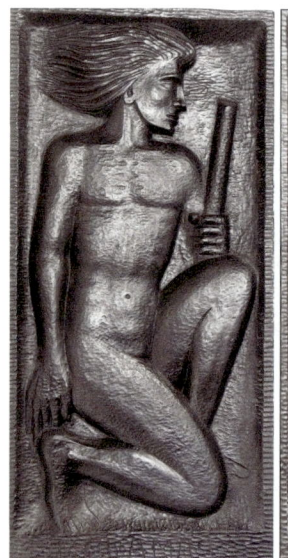

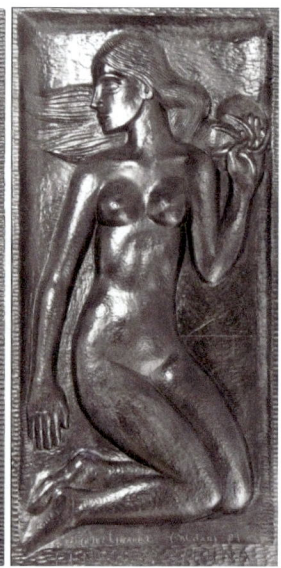

Fig. 99. *Doramas*   Fig. 100. *Tenesoya Vidina*

Gran Canaria—, que atraviesa la isla de sur a Norte, en medio de un paisaje de media montaña, "camino entre volcanes" se le ha llamado[143].

A falta de muestras artísticas de la mitología clásica, nos centramos en dos relieves, realizados por el escultor local Juan Borges Linares, que representan a personajes heroicos aborígenes. Uno es *Doramas* (1989) [fig. 99] y el otro, su esposa *Tenesoya Vidina* [fig. 100], que aparece también en el *Monumento a las Guaryarminas*, a la entrada de la ciudad.

II.5. Escultores de los siglos XIX y XX

Tanto en escultura como en pintura, sobre todo en el siglo XX, hay numerosas opciones artísticas. Más que de estilos hay que hablar de movimientos y tendencias. El pasado pierde su valor canónico y los géneros tradicionales se cuestionan, aunque siguen siendo un patrimonio al que no renuncia fácilmente el arte del siglo XX.[144]

Fernando Estévez del Sacramento[145] (La Orotava 1788-1854) es el principal escultor canario del siglo XIX. Aunque utilizó modelos greco-latinos en sus clases y admiraba al neoclásico italiano Canova, no conserva obra profana. Se ha comparado su *San Pedro de las lágrimas* de la Iglesia de la Nuestra Señora de la Concepción (La Laguna) con el Platón de *La escuela de Atenas* de Rafael. **Rafael Bello O'Sahanahan** (1850-1928), por su parte, en su viaje a Italia conoció a Rodin y quedó prendado de la obra de Miguel Ángel; una academia de Roma precisamente lo galardonó en 1876[146] con medalla de plata y diploma por un busto de *Escipión el Africano*; en 1879 realiza *La estatua a Gran Canaria*[147], en la que representaba a la isla como una gran matrona; al no gozar del favor popular, le fue devuelta a su autor en 1886.

A través de la obra —entre otras— *Escultura canaria contemporánea (1918-1878)* de 1984 nos documentamos de muchos escultores del siglo XX que cuentan en su producción con alguna obra mitológica o alegórica. De **Manuel Ramos González** (pp. 84-116) (Arucas, Las Palmas 1899-La Orotava 1971): *Hebe* (1928, granito negro, tamaño natural, col. part., París), figura femenina echada en el suelo con la parte superior del cuerpo erguida y con la mano extendida portando un frasco de perfume, en la línea de la escultura de Antonio Canova; *Primavera* (1934, madera, 80 cm, col. Rafael Rodríguez,

Las Palmas), figura femenina y arrodillada, con mirada a lo alto y manos a la espalda; *Pudor* (1936, madera, tamaño natural, col. Bordes Claverie, Las Palmas), figura femenina desnuda de pie, que con el brazo izquierdo pretende ocultar cara y senos, con el derecho eleva un paño que le cubre las piernas; *Tristeza* (1938, madera, tamaño natural, col. Vda. De Ramos, La Orotava), figura femenina juvenil de pie inclinando la cabeza sobre las dos manos juntas; *Diana cazadora* (ca. 1945, madera, 50 cm, paradero desconocido[148]), figura femenina de pie vestida a la griega con un arco entre sus manos; la *Música* y la *Poesía* (1948, 140 cm, piedra azul de Murcia, Estadio de Hortaleza, Madrid), figuras femeninas de pie y vestidas, con una lira entre sus manos en el caso de la primera, y con una tira para escribir, en el caso de la segunda; *Iris* o *Alegoría del Correo* (ca .1953, boceto, yeso, 30 cm, al principio en la Dirección General de Correos y Telecomunicaciones, hoy en paradero desconocido), figura femenina vestida, de pie sobre el globo terráqueo, llevando en bandolera una bolsa de correo y una paloma en su hombro izquierdo.

De **Francisco Lasso Morales:** *Cariátide* (1966, madera, 37 cm, col. Bonmatí-Lasso, Madrid), mujer de pie con las piernas separadas que sostiene en sus manos un alto cántaro sobre su cabeza. De **Enrique Cejas Zaldívar:** *Victoria* (1945, yeso, 140 cm), desnudo femenino alado portando una antorcha en su mano derecha levantada, y *Verano* (barro cocido, 20x35, col. Pelayo Quintero de Santa Cruz), desnudo femenino echado indolentemente con formas rotundas. De **Ricardo Fernández de Misa:** *Aurora* (ca. 1948, terracota) y *Dolor* (ca .1948, yeso). De **Alfonso Reyes Barroso** (pp. 243-250): *Baco* (ca. 1966, madera, tamaño natural), mascarilla formada con uvas de jade, zafiro y madera, col. part. de Santa Cruz).

De **Abraham Cárdenes Guerra** (pp. 258-276): *Sirena* (ca. 1952, paradero desconocido); *Justicia* (ca. 1959, yeso, 85 cm, paradero desconocido), figura femenina de pie sobre unos libros y una espada y los brazos en cruz semejando a una balanza; *Marte* (ca. 1965, piedra artificial patinada, 300 cm, Cuartel de la Legión, Villa Cisneros, Las Palmas), desnudo masculino sentado, apenas cubierto un muslo por un paño y un casco, sosteniendo una lanza en la mano derecha y en la izquierda, un escudo, coronado por un águila; hay una réplica en yeso (1965, 50 cm) en la Residencia de Oficiales, Villa Cisneros.

Plácido Fleitas (pp. 330-361), por su parte, recupera aspectos del arte prehispánico, como las cabezas de mujeres del sur; trabaja la madera y la piedra. Además de los bajorrelieves conservados en la Casa de Colón (*Las tres Gracias* y *Antígona*), es autor de la escultura *La Noche* (ca. 1945, piedra, 45x25x50 cm), cabeza femenina que entorna los ojos (col. Aurelio Montenegro, Las Palmas; exposiciones en Las Palmas, Madrid y Barcelona).

De **Wifredo Ramos Hernández** (pp. 380-386): *Victoria de Samotracia* (ca. 1965, madera, 65 cm, col. del autor) y *Ménade* (ca. 1961, madera, 75 cm, col. del autor), que recuerda a la *Ménade danzante* de Escopas. De **Martín Chirino López** (pp. 387-429): *Inquisidor núm. 3 El mito de Orfeo* (1962, hierro forjado, 90x50 cm, expuesto en Nueva York en 1963). De **Antonio Gallardo Navarro** (p. 430): *Ícaro* (ca. 1952-3, piedra roja de Tindaya, tamaño natural, en un principio en el Estado Mayor del Aire, Las Palmas, desconociéndose su actual paradero), elevándose sobre sus pies, parece proyectarse hacia los cielos, sirviéndole las alas de sostén; *Venus del diferencial* (ca. 1966-7, hierro, 180x55x55 cm, col. part. de Las Palmas), diferencial de un auto al que se han soldado objetos y virutas metálicas, que recuerda a una figura femenina.

De **María Belén Morales** (p. 451): *Fecundidad* (1961); *Ícaro* (1964, hierro y acrílico, 60x120 cm, col. de la autora, Tacoronte) [fig. 101], ensamblaje de distintos elementos metálicos, fragmentos de chatarra y utensilios agrícolas abandonados, que une con pletinas de hierro; echado en el suelo y apoyado en los codos; las alas se representan mediante trozos de plástico acrílico retorcidos, tras su fallido vuelo[149].

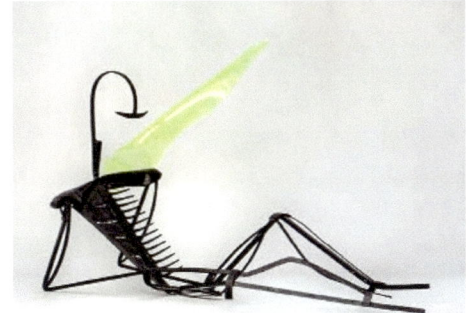

Fig. 101. *Ícaro*, María Belén Morales

De **Luis Alemán Montull** (p. 518): *Cariátide* (1969, madera, 100 cm, Club Bella Época, Las Palmas), con las palmas de las manos sobre la cabeza parece sostener el techo de la construcción; *Serenidad* (1970, madera, 90 cm, col. José Rodríguez Doreste, Las Palmas); *Suplicio* (ca. 1971, madera, 40 cm); *Pubertad* (1971); *Pudor*; *Meditación*; *Desesperación*; *Arrepentimiento*; *Maternidad*; *Honestidad*; *Amor*, *Vergüenza*.

De **Juan Borges Linares** (pp. 533-538): *Atlántida* (1962, piedra, 77 cm, Museo Chano Sosa, Agaete), bloque de piedra del que sobresale el perfil de una cabeza femenina sosteniendo un gran pez; *Safo* (1969, madera, 75 cm, sin referencia de ubicación; se expuso en el Club Náutico de Las Palmas), dos figuras femeninas de pie se abrazan, transparentándose la sucinta anatomía tras los vestidos.

De **Juan Quevedo Méndez** (p. 554): *Cariátide* (1965, madera, expuesta en el Círculo de Bellas Artes de Santa Cruz). De **Manuel Bethencourt Santana** (p. 577): *Cariátide* (1967, bronce, 37,5 cm, col. Luis Sancho de Mesa, Las Palmas). De **Peregrín Hernández Alonso** (p. 597): *Neptuno Joven* (ca.1948); *Meditación* (1948); *Plenitud* (1950).

Notas

78 Cf. Martínez de la Pena-Alloza Moreno 1981; Pérez Reyes 1984; Galante Gómez 1989: 68-89; Calero Ruiz-Quesada Acosta 1990: 117-126; Fuentes Pérez 1990; Quesada Acosta 2001; VV. AA. 2007; Castro Morales-Peralta Sierra-Quesada Acosta 2008; Clementina Calero Ruiz, "Escultura", en Calero Ruiz-Castro Brunetto-González Chaves 2008: 93-152; VV. AA. 2008; Hernández Socorro-Fuentes Pérez-Gaviño de Franchi 2009.

79 Pereyra no pudo ver esta última escultura, pues se descubrió en 1820.

80 Cf. Domingo Sola Antequera en López García-Calero Ruiz 2008: 196-197.

81 Cf. Hernández González 1990: 218-225; Clementina Calero Ruiz, "Escultura", en Calero Ruiz-Castro Brunetto-González Chaves 2008: 104-105.

82 Cf. Martínez de la Peña & Alloza Moreno 1981: 250; Calero Ruiz 1991; Sola Antequera & Calero Ruiz 2004: 1577-1584; Clementina Calero Ruiz, "Escultura", en Calero Ruiz-Castro Brunetto-González Chaves 2008: 120; Sola Antequera en Calero Ruiz-Castro Brunetto-González Chaves 2008: 139 (la compara con la *Atenea Pártenos* de Fidias).

83 Agradezco a su párroco D. Juan el permiso para la visita.

84 Quizá la presencia de estos animales, que están alejados de la escena central, haya hecho pensar en Diana, la diosa protectora de los animales.

85 Cf. Clementina Calero Ruiz, "Escultura", en Calero Ruiz-Castro Brunetto-González Chaves 2008: 151; VV.AA. *Sacra memoria* 2021: 168.

86 Cf. Martínez de la Peña-Alloza Moreno 1981: 270.

87 Agradezco a Jacinto Tilman, director del Teatro Pérez Galdós, su amabilidad y sus comentarios durante mi visita. Y a María Cárdenes Guerra, restauradora del Ayuntamiento de Las Palmas, las gestiones realizadas para facilitar mi visita a algunos monumentos.

88 Cf. Herrera Piqué 2016: 414-418.

89 Probablemente él fue quien eligió la presencia de estos dioses. Cf. Gallardo Peña 1992: 71.

90 Conocida en un principio como Instituto de D. Bernabé Rodríguez, mecenas de la institución y alcalde de la ciudad.

91 Según Vitruvio, en sus *Diez libros de arquitectura*, los telamones y las cariátides son figuras utilizadas para sostener el peso de los arquitrabes de los edificios públicos en recuerdo de los persas vencidos en las guerras médicas. Pero, teniendo en cuenta la forma esbelta y agraciada de estas figuras (en particular, las

cariátides) se ha pensado modernamente que su nombre pueda provenir de κόρη, que en griego significa muchacha.

92 Es el arquitecto más preciosista de su generación. Cf. VV. AA. 1998: 121-124.

93 Al principio la planta baja del edificio tenía una función docente.

94 Cf. Trujillo Rodríguez 1978: 16-17; Martínez Sánchez 1995: 70.

95 Cf. Hernández Perera 1961.

96 Cf. Fraga González 1978.

97 Cf. Fraga González 1973.

98 Remataban la vivienda, realizada por el arquitecto Manuel de Oraá en 1862, de Andrés Lugo y Viña, situada en la plaza de la Candelaria (antes Plaza de la Constitución, 9) de la capital tinerfeña. Tras el derribo del edificio, las esculturas fueron trasladadas al Parque Municipal García Sanabria, a principios de los años sesenta, desde donde, al cabo de un tiempo, pasaron al Museo Municipal. Cf. Fuentes Pérez 1990: 453-455; Fraga González en VV.AA. 1994: 34-35; Gallardo Peña 1992: 69-70.

99 Debo esta información a Victoria Farriña, del Ayuntamiento de Santa Cruz de Tenerife.

100 Años después, en 1904, el escultor presentó otra versión del mismo tema, titulada *Pompeyana en la fuente*: joven togada que se acerca a una fuente de tipo herma con una cabeza de sátiro.

101 Castro Morales-Peralta sierra-Quesada Acosta 2008: 57-58.

102 Cf. Hernández Perera 1961.

103 Cf. Fraga González 1973: 56-59; Castro Morales-Peralta sierra-Quesada Acosta 2008: 59-61.

104 Cf. Pérez Reyes 1984: 330-361.

105 Fue un guerrero y noble indígena grancanario de mediados del siglo XV, que ofreció resistencia a la conquista realenga de las Islas Canarias, emprendida por los Reyes Católicos para la Corona de Castilla. Reputado por todas las crónicas de la conquista como un caudillo valeroso y rebelde, murió en combate y fue llamado "el último de los canarios" (aborígenes, se refiere).

106 Cf. Quesada Acosta 1996: 247-255.

107 Cf. Quesada Acosta 1996: 293-294.

108 Artículo en *La Provincia* del 19 y 31 de marzo de 2000. Cf. Castro Morales-Peralta Sierra-Quesada Acosta 2008: 232; Navarro Betencor 2012: 228.

109 Cf. Naranjo Jiménez 2005: 218.

110 Agradezco a Olga de la Torre Martínez, de la sección de Patrimonio del Ayuntamiento de Las Palmas, el envío de algunas fotos sobre el estado primitivo del grupo escultórico.

111 Cf. Naranjo Jiménez 2005: 90-91.

112 Este escultor tiene en el Museo de Arte Contemporáneo de Oaxaca (Méjico) una instalación *Ícaro 7* (2004). En 2009 consiguió la Medalla de Plata Lorenzo II il Magnifico en la VII Bienal Internacional de Arte Contemporáneo de Florencia con la obra *Prometeo-La Autocreación*.

113 En realidad, tiene la figura de hombre, a excepción de la larga cola de pez. El nombre de Tritón se aplica generalmente a toda una serie de divinidades, que junto con las nereidas forman parte del cortejo de Neptuno, cuya llegada anuncian haciendo sonar una caracola marina.

114 En realidad, Temis.

115 Cf. Naranjo Jiménez 2005: 47-50.

116 Cf. Naranjo Jiménez 2005.

117 El escultor sintió una gran admiración por la escultura clásica -especialmente la helenística y la obra *El torso de Belvedere*-, además de por Miguel Ángel, Rodin, Giacometti o Brancucci.

118 Cf. Naranjo Jiménez 2005: 258-260.

119 Una pieza (1964, 31x75x62 cm) dentro de esta serie de *Magia de la Naturaleza* se encuentra en Museo del pintor Antonio Padrón de Gáldar.

120 Cf. Naranjo Jiménez 2005: 226-227.

121 Cf. Naranjo Jiménez 2005: 91-92.

122 Cf. Naranjo Jiménez 2005: 218.

123 Cf. Naranjo Jiménez 2005: 223-225.

124 Cf. Quesada Acosta 1996: 280-283.

125 Cf. Martínez de la Peña 1998: 53-54.

126 Posiblemente, en su origen, habría en su lugar un aljibe o un pozo.

127 Al parecer, por consejo de Tibiabin y su hija Tamonante, una especie de sibilas aborígenes.

128 De familia humilde campesina, a base de becas consiguió estudiar primero en Las Palmas y luego en Madrid, aunque su primera formación la recibió de César Manrique. Tras residir muchos años en Colombia se asentó definitivamente en Fuerteventura.

129 Son los que hemos mencionado que se encontraban en el Parque García Sanabria. De los cuatro bustos restantes, de mármol también, se han identificado tres: *Mercurio* (pétaso), *Baco* (corona de pámpanos), *Venus* (según Canova), y se encuentran en los depósitos del museo.

130 De este escultor apenas sabemos que ideológicamente estaba vinculado a la masonería de Santa Cruz.

131 Este es un nombre extraño, que parece invención del propio escultor.

132 Representante del clasicismo moderno, estuvo pensionado en la Academia de España en Roma de 1907 a 1912. Es autor de una *Diana cazadora* en el *Museu de Belles Arts* de Valencia.

133 Cf. VV. AA. 1984: 316-319.

134 Alumno de la Escuela Luján Pérez en 1929, se interesa por el modelado en barro y por las culturas aborígenes. Cf. Pérez Reyes 1984: 330-361; Bozal 1999: 162-164.

135 Agradezco a Mave Delisau, conservadora de la Casa de Colón, la detallada información sobre los fondos del Museo.

136 Cf. Hernández Socorro 2006.

137 Esta escena suele representarse en la pintura occidental como un sátiro espiando a una ninfa dormida.

138 Una iconografía similar, aunque con alas, presenta un fresco homónimo de la Villa Foscarini en Stra (Venecia). Cf. Navarrete Orcera 2017a: 661.

139 Las identificaciones de ambas esculturas como *Diana* y *Marte* que aparecen en la cartela no son, pues, correctas.

140 En lugar del tradicional caduceo, tal y como aparece en la homónima estatuilla de Giambologna (1529-1608) que le sirvió de modelo, conservada en el *Museo Nazionale del Barrgello* de Florencia.

141 Según la cartela adjunta, está inspirada en Rafael Sanzio de Urbino.

142 Suponemos que se refiere a la diosa romana de los frutos y flores, aunque en la cartela adjunta se la denomina "Ponona".

143 Se recorre en tres etapas (65 km) comenzando en Maspalomas, aunque inicialmente se recorría en dos, partiendo de Tunte. Desde 1965 el peregrino, tras haber completado el camino y llegar al Templo Matriz de Santiago de Gáldar(1778), recibe un certificado, equivalente a la Compostela. Cuando es Año Santo Jacobeo se obtienen los mismos privilegios que en la catedral de Santiago de Compostela.

144 Cf. Galante Gómez 1989: 185.

145 Cf. Tarquis Rodríguez 1978.

146 En la Exposición de Cádiz de 1879 gana igualmente medalla de plata y diploma. Cf. Fuentes Pérez 1990: I 58.

147 Cf. Quesada Acosta 1996: 45-46.

148 Réplica en piedra, 170 cm, ca. 1949, en el Estadio de Hortaleza (Madrid).

149 Cf. Galante Gómez 1989: 213-214.

CAPÍTULO III

PINTURA

III. PINTURA[150]

III.1. Tapices mitológicos

La pintura mitológica aparece pronto en las islas, en la primera mitad del siglo XVI, en forma de tapices. Sabemos que Alonso Fernández[151], que trabajó en La Laguna de 1542 a 1546, realizó algunas pinturas mitológicas en los paños que caían del dosel de una cama y la circundaban. En 1542 pintó una para el procurador Alonso de León, por la que cobraría 6.500 maravedís (se conservan documentos de los pagos de los "paños pintados"), con la historia de Hércules ("cama pintada de lienzo de coleta nueva dorada de la historia de Hércules"). Al año siguiente otro procurador, Diego Riquel, le compró por 5.000 maravedís otra "cama de arboleda pintada de cuatro paños", sin añadir si contenía temas mitológicos. En 1547 el pintor se desplaza a Gran Canaria y muere en 1552 sin dejar testamento.

Del siglo XVII es la extraordinaria colección de tapices que posee el Ayuntamiento de Adeje (Tenerife). Conocemos por Berthelot que la Casa Fuerte de Adeje[152], iniciada en 1553 por Pedro de Ponte, estaba decorada con cuadros alegóricos en el salón de recepción y albergaba una lujosa colección de *paños de corte* (tapices) con escenas mitológicas. Son los conocidos tapices que estuvieron expuestos en la parroquia de Santa Úrsula tras ser donados en 1745 por la marquesa de Adeje y condesa de La Gomera, Magdalena Luisa Llarena y Viña[153]. Se cree que salieron de las fábricas francesas de los Gobelinos o de Beauvois con posterioridad a 1684, aunque también se piensa que pueden ser de origen flamenco. Son seis, denominados "de las frutas", "de la lanza", "del escultor", "de la diosa", "de la música" y "del encuentro".

De compacto tejido de lana, tienen cenefas de idéntico color y vegetación[154]. Hace unos años fueron cedidos al Ayuntamiento[155] de la ciudad, que los ha colocado en el Convento de San Francisco, un edificio colindante con el Ayuntamiento, que fue adquirido a la diócesis de Tenerife en 1988 y restaurado en 1991 para hacer de él un espacio con fines socio-culturales. La identificación de los temas mitológicos tratados en los diferentes tapices no es siempre fácil, pues los personajes, inscrtos en paisajes boscosos con edificios clásicos o renacentistas de fondo, son de reducido tamaño y a veces no portan atributos que los identifiquen. Tres tapices fueron recortados en su momento, probablemente para adaptarse al nuevo espacio que los acogía en la parroquia de Santa Úrsula; y tres, de formato horizontal, mantuvieron su tamaño. Esta es nuestra propuesta de identificación:

1) *Vertumno y Pomona* [figs. 102 y 106]: el joven, que tenía el don de transformarse en lo que quisiera, aparece sentado, a la izquierda, vestido con manto rojo, intenta convencer a Pomona, divinidad relacionada con las estaciones y la fecundidad de la tierra (los frutos se ven a los pies de Vertumno, mientras Pomona sujeta una hoz), de que se case con un joven que no es otro que él mismo.

2) *Venus y Adonis* [figs. 103 y 105]: la diosa parece que intenta impedir que su amado vaya de caza, pues teme que sea herido mortalmente, como realmente sucedió; le agarra un dardo que éste sostiene con su mano derecha y retiene su perro; en la mano izquierda el joven porta una larga lanza.

3) *Prometeo crea al hombre* [figs. 104 y 107]: el que pasa por ser el benefactor de la humanidad está cincelando con una gubia y un martillo una figura femenina, en este caso, vestida por completo (a la derecha, sobre un taburete se apoya un busto realizado ya por el dios). Le asiste la diosa Minerva, inventora de las artes y protectora también del hombre (su escudo decorado con la Medusa permanece en el suelo). Más a la izquierda se desarrolla otra escena en la que se muestra de nuevo, probablemente, a Prometeo semiarrodillado portando el fuego (una antorcha) que entregará al hombre para que sobreviva en la tierra; parece suplicar a una diosa que sobrevuela el cielo, sentada

en un carro tirado por dos cisnes, que por este dato la identificamos con Venus; pero, es extraña la presencia de la diosa del amor en este contexto.

4) *Diana y Aretusa*: la ninfa, a la izquierda, está rogando a la diosa, que sobrevuela el cielo, montada en su carro tirado por dos ciervos, que la libre de la persecución amorosa del dios-río Alfeo, y Diana (Ártemis) la transforma en una fuente (simbolizada por dos grandes chorros de agua que salen de los pies de la joven). Su perseguidor, en señal de amor, mezcló sus aguas con las de ella.[156]

5) *Apolo y dos jóvenes*: identificamos al dios por la presencia de un arco y un carcaj, apoyados en un árbol a la derecha; con su mano derecha está señalando hacia una escena que fue cercenada en su momento.

6) Con un templo clásico de fondo, aparecen conversando animadamente una figura masculina (a la izquierda) y otra femenina, que le está entregando un pequeño cuenco, que sostiene con la mano derecha. Tal vez ésta sea la parte que le falta al tapiz anterior.

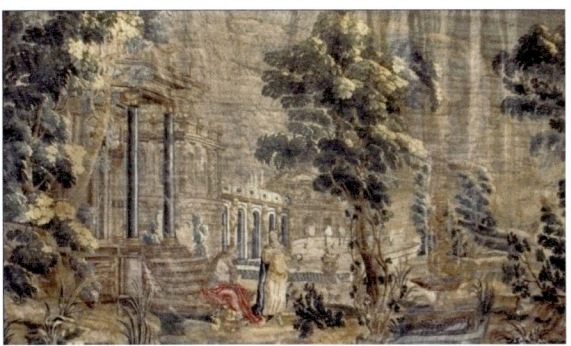

Fig. 102. *Vertumno y Pomona*, tapiz de Adeje

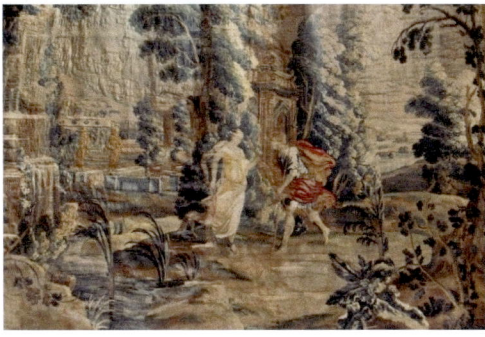

Fig. 103. *Venus y Adonis*, tapiz de Adeje

85

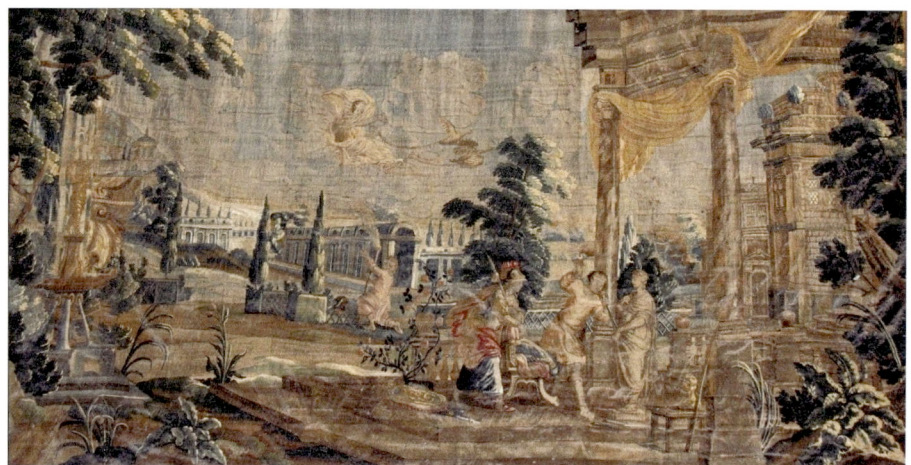

Fig. 104. *Prometeo crea al hombre*, tapiz de Adeje

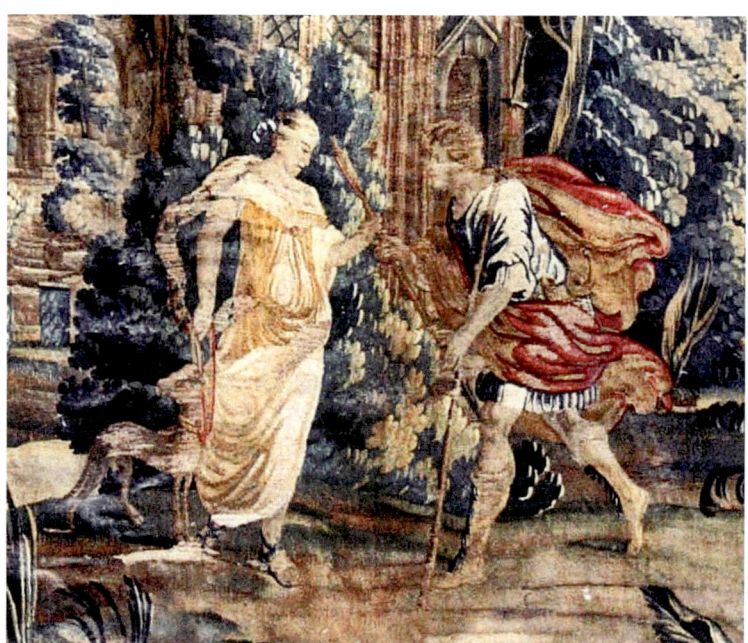

Fig. 105. *Venus y Adonis* (detalle), tapiz de Adeje

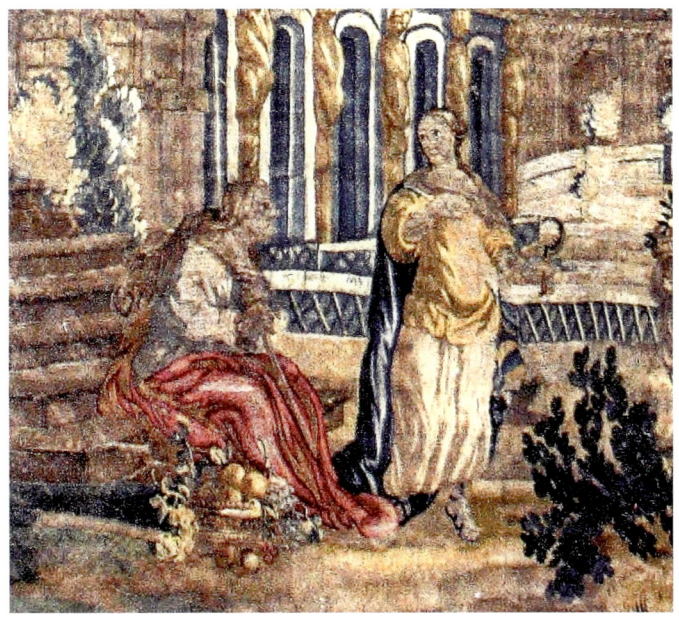

Fig. 106. *Vertumno y Pomona* (detalle), tapiz de Adeje

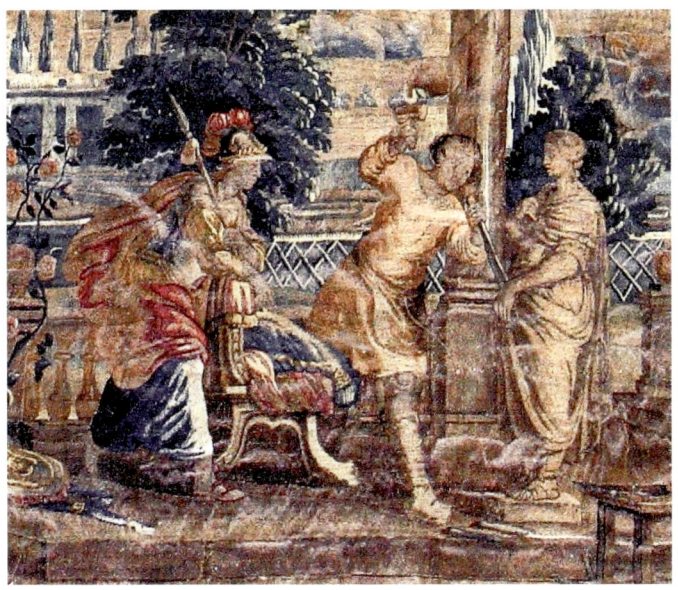

Fig. 107. *Prometeo crea al hombre* (detalle), tapiz de Adeje

Sabemos también que esta afición por los tapices mitológicos continúa en el siglo XVIII. Por ellos se interesaron tanto los representantes del poder político como los del poder religioso. En el Archivo Histórico Provincial de Tenerife (AHPT, Conventos, 2836) se puede leer, por ejemplo, que la dote de Magdalena Andrea de Franchi, para casarse con su primo Francisco Nicolás de Valcárcel en La Orotava, contenía treinta tapices: "los quatro de Alejandro Magno, otros quatro dc la destrución de Troya, seis de monterías y arboledas, dos de la fábula de Venus y Diana, otro de la de Narciso, otro de un hombre riñendo con un león [probablemente uno de los trabajos de Hércules] y dose de diferentes subsenos de la Sagrada Escriptura…".[157]

III.2. Pintura del siglo XVIII

Durante el siglo XVIII[158] (lo mismo podría decirse del siglo XVII) el porcentaje de pintura religiosa en relación con otros géneros fue realmente elevado, siguiéndole en importancia el paisaje y el retrato. La explicación a este hecho hay que buscarla en la gran presencia que tienen en este momento las órdenes e instituciones religiosas en las islas.

La mitología la vamos a encontrar en el patrocinio artístico, como es el caso del escritor ilustrado[159] **Cristóbal del Hoyo-Solórzano Sotomayor** (Tazacorte, La Palma 1677-1762 La Laguna) [fig. 108], marqués de San Andrés y vizconde del Buen Paso, que, al volver de su segundo viaje por Europa, encargó para su residencia de Icod de los Vinos (Tenerife) unos frescos —hoy desaparecidos— inspirados en las *Metamorfosis* de Ovidio[160]. Un retrato anónimo del marqués situado delante de una estantería con tomos de la obra de Ovidio nos da cuenta de su interés por la cultura clásica[161].

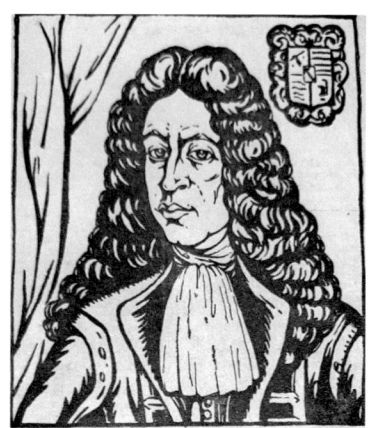

Fig. 108. *Cristóbal del Hoyo-Solórzano*, dibujo[162]

Por su parte, de la **familia irlandesa Cólogan**[163] sabemos que poseía en su casa de la Plaza de la Iglesia de Nuestra Señora de la Peña en Puerto de la Cruz varios bustos de yeso de tema clásico: uno de *Cicerón* (colocado, sin embargo, en el cuarto de los criados) y los mitológicos *Júpiter* y *Venus*, pintados de color de bronce y situados en la biblioteca ("cuarto de la librería"), donde compartían espacio con algunos volúmenes de autores grecolatinos, la mayor parte en lengua francesa: las *Metamorfosis* de Ovidio (en francés y dos tomos), las *Geórgicas* de Virgilio (en latín y francés), la *Odisea* de Homero (en francés y cuatro volúmenes), los *Comentarios* de Julio César (en castellano), cuatro tomos de la obras de Virgilio (en latín y francés).

Lo más cercano a la iconografía clásica que hemos encontrado son las alegorías que decoran la cubierta octogonal de madera (al estilo portugués) de la **Capilla Mayor de la Iglesia de los Dolores**[164] [fig. 109] (aneja al ex convento de San Francisco) de **Icod de los Vinos**, realizadas bajo la dirección de Cristóbal Afonso (La Laguna 1742-1797) en torno a 1770 por encargo de la familia Mendoza. La cubierta octogonal está organizada en ocho faldones, con dos bandas cada uno; en la banda inferior (a excepción de una, que ha sido cubierta por el remate del retablo) se desarrolla el programa iconográfico de las alegorías morales y bíblicas (se refieren a los dolores que sufrió la Virgen en la Pasión de Cristo, a sus virtudes y a su colaboración en la Redención de la humanidad); en la banda superior se representan lemas sagrados dentro de unos pedestales. Las escenas, que parecen seguir el modelo iconográfico de Cesare Ripa, están todas acompañadas de inscripciones latinas —con algún error que otro— de origen bíblico[165], que ayudan a interpretarlas, y de dos angelotes que portan los instrumentos de la Pasión como blasón de Cristo: 1) el Amor (*AMOR*), un ángel coronado de flores blancas, clava su flecha a una joven desmayada, la Pureza (*PURITAS*), que se apoya en la Fortaleza (*FORTITUDO*), una mujer con pilar y casco, al estilo de Minerva [fig. 112]; 2) el Dolor (*DOLOR*), mujer de hábito negro, y la Caridad (*CHARITAS*), mujer vestida de rojo con cabellos largos y un niño en brazos [fig. 111]; 3) el Rey David toca el arpa y Jeremías está en actitud de súplica (ambos profetas prefiguran a Jesucristo); en el recuadro superior un angelote porta un estandarte con la inscripción "*S.P.Q.R*" (*Senatus Populusque Romanus*), el título oficial de la República Romana, y otro, la copa de Pilatos; 4) la Viudez (*VIUDITAS*), mujer enlutada con corazón en una mano que representa a Santa Mónica (la madre de San Agustín), y el Llanto (*FLETUS*), anciano que seca sus lágrimas con un pañuelo y representa a San Pedro; 5) cuatro mujeres ataviadas de cortesanas portando partituras [fig. 110]: la Belleza (*DECOR*), la Alegría (*LETITIA*[166]), el Desconsuelo (no tiene identificación) y la Persuasión (*PERSUASIO*); 6) la Tristeza (*TRISTITIA*), mujer con un libro sentada junto a la Soledad (*SOLITUDO*), mujer con un cuervo en la cabeza y un gazapo sobre el regazo, en actitud de arrancarle el corazón.

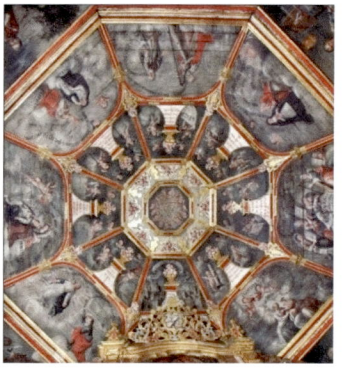

Fig. 109. Capilla Mayor, Iglesia de los Dolores

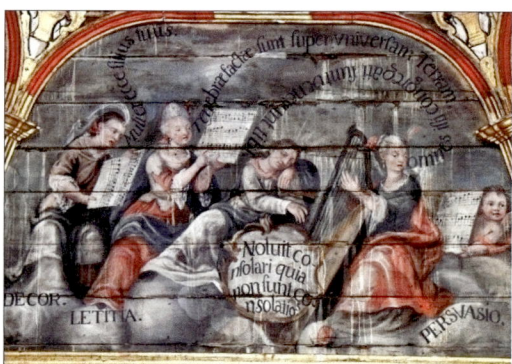

Fig. 110. *Belleza, Alegría, Desconsuelo, Persuasión*

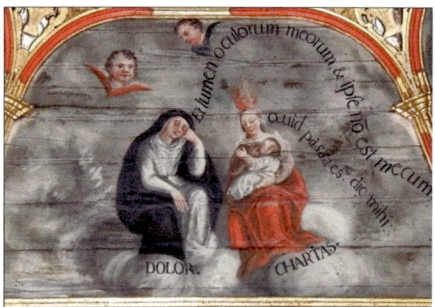

Fig. 111. *El Dolor y la Caridad*

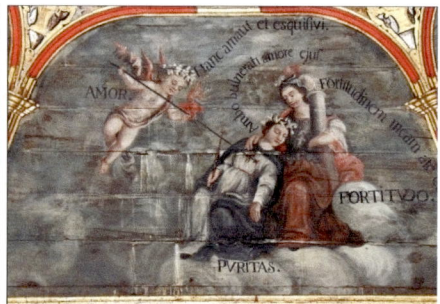

Fig. 112. *Amor, Pureza y Fortaleza*

III.3. Pintura de los siglos XIX y XX

En el siglo XIX los temas más comunes fueron los retratos, los paisajes, las costumbres y las copias de grandes maestros. Los temas religiosos gozaron de menos favor, con respecto a siglos anteriores, tal vez por las desamortizaciones y el gusto secular de la burguesía liberal. De tema histórico[167] contamos con una pintura singular: *Sentencia y muerte de Tito y Tiberio*[168] (1804, 72,5x107,5 cm) [fig. 113] de **Juan de Miranda**[169] (Las Palmas de Gran Canaria 1723-1805 Santa Cruz de Tenerife), que se conserva en la Casa Museo y Archivo de Osuna[170] de San Cristóbal de La Laguna. Es una copia fiel de un grabado francés del *Compendio de Historia Universal* de Anquetil, como puso de manifiesto el coleccionista y bibliófilo Manuel de Osuna, el propietario mismo de la casa en que se albergaba el cuadro[171]. Retrata uno de los capítulos más severos de la Roma republicana (año 509 a.C.): el ajusticiamiento de los dos hijos del cónsul Lucio Junio Bruto, que habían conspirado contra el gobierno para tratar de reimplantar la monarquía, presidiendo el propio padre la ejecución, junto al cónsul Colatino; el pueblo observa con estupor el acontecimiento. La versión más famosa de este episodio fue la que pintó David quince años antes del cuadro de Miranda, en 1789, *Los lictores llevan a Bruto el cadáver de sus hijos*[172].

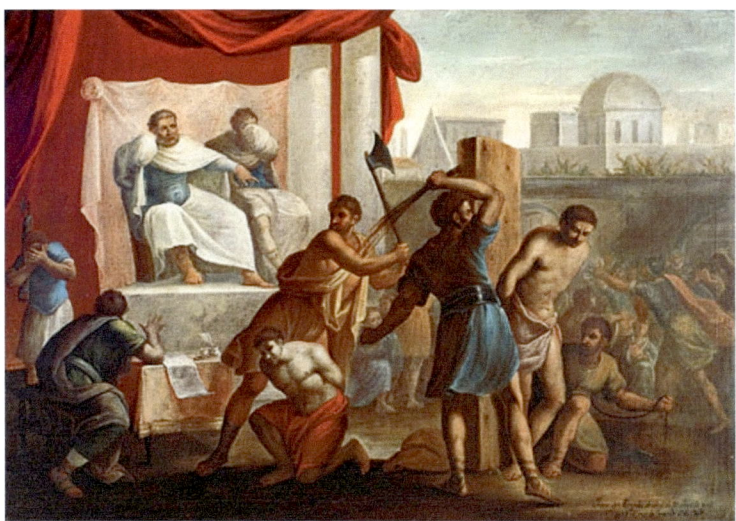

Fig. 113. *Sentencia y muerte de Tito y Tiberio*, Juan de Miranda

Es digno de mención también el fresco que con el mismo tema pintó Domenico Beccafumi entre 1529 y 1535 en la Sala del Consistorio del Palacio Público de Siena, inspirado en la obra *Hechos y dichos memorables* del escritor latino Valerio Máximo del siglo I a.C.[173]

La pintura mitológica tuvo escasa relevancia en el siglo XIX, en consonancia con las etapas anteriores. **Cirilo Truilhé** (1813-1904), de formación francesa, pinta algunos temas mitológicos: *Diana en el baño* (1848, óleo, copia de un grabado), presentado en la exposición de la Sociedad de Bellas Artes de Santa Cruz, y *Bacanal* (1862, hoy perdida), presentada, a su vez, a la exposición de la Sociedad de Bellas Artes de Las Palmas.

Gumersindo Robayna Lazo (Santa Cruz de Tenerife 1829-1898) realiza también algunas obras de este tipo: *Venus y Amor* (1869, Escuela de Bellas Artes de Santa Cruz de Tenerife), posiblemente inspirada en algún grabado barroco: Cupido hurta un beso a la diosa, mientras que con la mano acaricia su pecho, como en la obra de Bronzino[174].

Soledad Diston Oraá (Puerto de la Cruz, 1838-Inglaterra) copió[175] un *Cupido* (acuarela sin concluir, 67x53 cm, col. Torres Edward, La Laguna) de un lienzo homónimo (ca. 1630-32, 118x92 cm) de Anton van Dyck (1599-1641), que poseía José de Betancourt Castro y Molina (1757-1816) en La Orotava. El dios del amor se dispone a cargar un arco con una flecha de oro, con la playa al fondo.[176]

A **Luis de la Cruz y Ríos** (Puerto de la Cruz 1776-Antequera 1853) se le atribuyen dos versiones de *La muerte de Cleopatra*, de finales del siglo XVIII, basadas ambas en grabados barrocos; una versión se conserva en una colección privada de Puerto de la Cruz.[177] La Real Academia Canaria de Bellas Artes de San Miguel Arcángel conserva también un cuadro suyo, *La infanta Luisa Carlota de Borbón como Diana cazadora* [fig. 114].

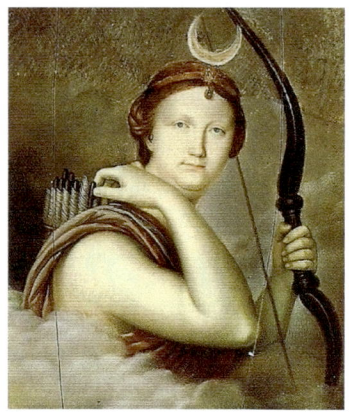

Fig. 114. *Diana cazadora,* Luis de la Cruz

Nicolás Massieu y Falcón[178] (1853-1934), discípulo de Ponce de León, fue el pintor canario de mayor éxito profesional. Tras su paso por la Academia de San Fernando residió en la Academia Española de Roma, siendo nombrado cónsul de Italia en Gran Canaria (1888-1929). De su producción destacamos la *Justicia* (1880), de tintes miguelangelescos.

A mediados de siglo hay más pintores en Tenerife que en Gran Canaria. En La Palma, donde se creó en 1915 el Museo Insular, se encuentran muchas colecciones particulares de pintura, aparte de las eclesiásticas.

Respecto al siglo XX, más que de estilos concretos y definidos hay que hablar de actitudes ante la vida y la realidad. A los artistas que vamos a estudiar en este apartado hay que añadir los que aparecerán en el capítulo **"Pintura en museos" (III. 5)**; algunos, como es lógico, se repiten. **Rafael de Avellaneda** pintó los óleos un *Desnudo ante el espejo* (1900-1905, col. part., Las Palmas), como alegato de libertad para la sociedad de la época, y *Las travesuras del amor* (ca. 1900), que es una copia del techo que Francisco Pradilla pintó en 1886 en el Salón de Baile del Palacio de Linares, en el que aparecen mujeres semidesnudas bailando en espiral[179]. **Servando del Pilar** es autor de una Alegoría de Gran Canaria (1945, col. Carlos Pinto, Tenerife). **Pedro de Guezala**[180] (La Laguna 1896-Santa Cruz de Tenerife 1960), que veremos con más detalle en el Museo Municipal de Bellas Artes de Santa Cruz, ilustra en la revista *Castalia* (1917, n.º 5) el poema de Rubén Darío *Leda* (Museo Canario, Las Palmas), con tonos muy sensuales; en su faceta de escultor, hay que mencionar un relieve de terracota muy sugerente [fig. 115], que destinó a la decoración del pabellón tinerfeño de la Exposición Iberoamericana de Sevilla de 1929; se representa de espaldas a una figura femenina desnuda, que con los brazos abiertos sostiene un paño transparente; no tiene título, pero nos parece inspirada en la figura central del relieve griego *Nacimiento de Afrodita* [fig. 116], que decora el llamado Trono de Ludovisi (ca. 460 a.C.), un bloque de mármol blanco hueco en su parte posterior, que se conserva en el Museo Altemps de Roma y el pintor pudo ver en la ilustración de algún libro; la posición de los brazos de la diosa y la presencia de un paño con pliegues nos sugiere esta idea.

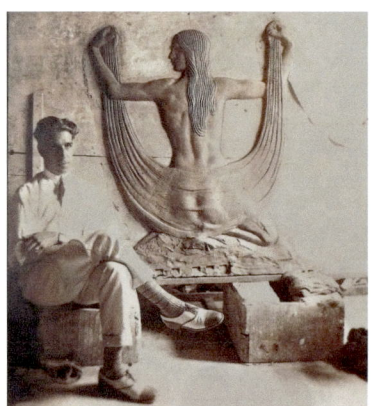

Fig. 115. Pedro de Guezala ante
el relieve que presentó a la
Exposición Iberoamericana
de Sevilla de 1929

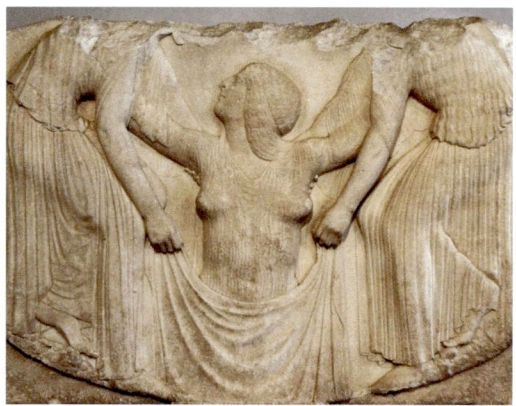

Fig. 116. *Nacimiento de Afrodita,* Trono
Ludovisi, Museo Altemps de Roma

Mariano de Cossío, que se establece en La Laguna en 1935, pinta el lienzo *Las Parcas*, a las que caracteriza como ancianas hilanderas canarias; en realidad, es una alegoría de la guerra civil[181]. **José Aguiar García**[182] (1895-1976), el artista canario que mayor reconocimiento oficial consiguió en vida, quizá por su colaboración con el régimen franquista, pintó murales en el Casino de Las Palmas de inspiración clásica, aparte de sus murales de temática guanche.

Juan Ismael[183] (La Oliva, Fuerteventura 1907- Las Palmas 1981) fue uno de los creadores más polifacéticos de las islas. Su estilo es surrealista y cercano a la pintura metafísica de los italianos Carlo Carrá y Giorgio De Chirico. Como éste último, siente verdadera fascinación por el mundo de las estatuas clásicas, como podemos apreciar en una obra sin título de una colección privada [fig. 117]. Su obra *La musa en la tierra* (1939) recuerda el estilo daliniano. Realizó en 1935 un boceto —perdido— para un mural —no realizado— sobre la *Aparición*

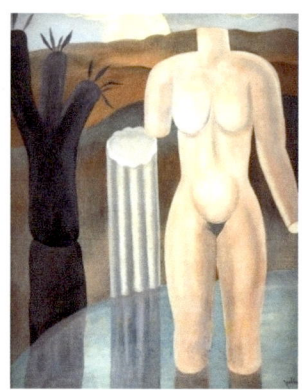

Fig. 117. Sin título,
Juan Ismael

de la isla de San Borondón. En 1998 (del 15 de septiembre al 8 de noviembre) se celebró en el Centro Atlántico de Arte Moderno de Las Palmas una exposición antológica de su obra.

Fernando Álamo González (Santa Cruz de Tenerife 1952), uno de los pintores tinerfeños más apreciados en la actualidad, tiene un cuadro en el Parlamento de Canarias, sin título (1984, acrílico sobre lienzo, 216x190 cm) [fig. 118], que nos parece un trasunto del famoso tema de *Hilas y las ninfas* (1896) de John William Waterhouse, en el que el amigo de Hércules, famoso por su belleza, es raptado por las ninfas del agua (náyades) cuando iba a beber agua en un estanque. Álamo parece representar un momento posterior, cuando ya el joven reposa en un ambiente idílico junto a sus enamoradas (cuatro frente a las siete del pintor inglés). O bien hace una interpretación personal del cuadro *Ninfas y sátiro* (1873) de Boughereau. En cualquier caso, es innegable la filiación de los desnudos con los cánones de la belleza clásica.

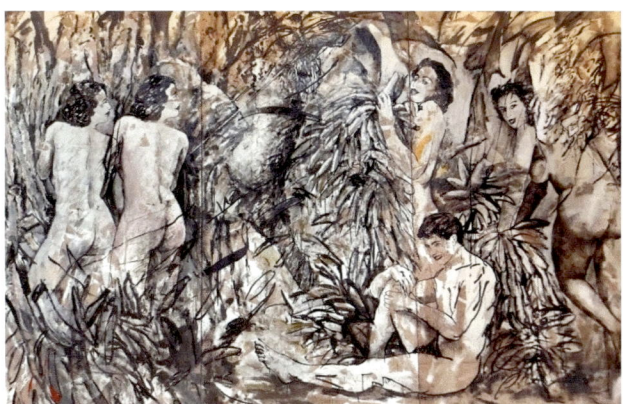

Fig. 118. Sin título, Fernando Álamo, Parlamento de Canarias

El último mural mitológico realizado en el archipiélago corresponde a **Rafael Delgado Rodríguez** (Santa Cruz de Tenerife 1930-2021). Se titula *Ícaro* (sin fecha, encáustica sobre lienzo, 10x2 m, en mal estado de conservación) y está ubicado en el Real Aeroclub de Tenerife en el aeropuerto de Los Rodeos.

III.4. Pintura en edificios (al fresco o al óleo)

La pintura al fresco fue cultivada especialmente en el siglo XIX, aunque dominan más los temas alegóricos que los estrictamente mitológicos. Hemos de señalar, en primer lugar, el fresco pompeyano —tan en boga durante el neoclasicismo en las residencias reales de la península— de la casa del capitán Bartolomé García Montañés[184], conocida como la **Casa Montañés** (1746) —sede desde 1988 del Consejo Consultivo de Canarias[185]— en La Laguna. Fue realizado por Marcelino de Oraá y Cologan y ocultado posteriormente por una capa de cal; antes de que esto sucediera, fue visto por Pedro Tarquis, que hizo encendidos elogios de este dibujo[186]. Son tres estrechos recuadros horizontales [fig. 119] pintados en azul en los que se representa la celebración de un sacrificio: cuatro figuras femeninas —tres sentadas— portan ofrendas, y un niño, una antorcha; en el centro, el templete circular con la imagen del dios en el interior.

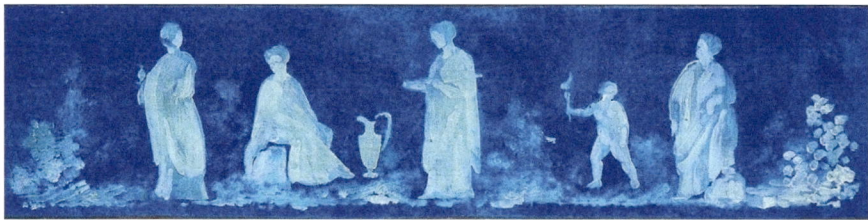

Fig. 119. Fresco pompeyano, Casa Montañés, La Laguna

De época más reciente son los frescos que decoran el Palacete Rodríguez de Azero, actualmente **Casino de La Laguna** (calle Nava y Grimón, 7), construido en estilo ecléctico por Mariano Estanga a principios del siglo XX (1906). El techo del vestíbulo contiene un recuadro pintado al fresco con una escena en la que distinguimos a *Venus y tres cupidos* (1915) [120]: dos figuras femeninas descansan sobre nubes envueltas en flores; la que mira de frente, con un pecho al aire y portando una canasta de flores, suponemos que es Venus; en la parte superior izquierda revolotean tres cupidos con sendas guirnaldas. La planta principal acoge un salón de estilo pompeyano [fig. 121], caracterizado por la decoración geométrica y el color rojo intenso, propio de este estilo, a lo que hay que añadir las guirnaldas, jarrones pequeños y águilas coronando candelabros en el friso; los paneles rectangulares de las paredes están protagonizados por jarrones de plata de gran tamaño.

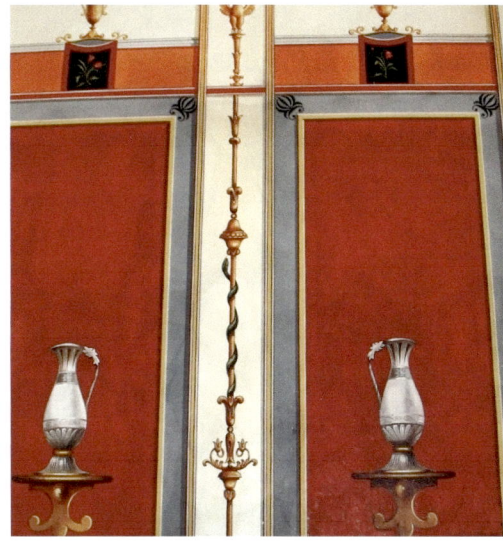

Fig. 120. Salón pompeyano, Casino de La Laguna

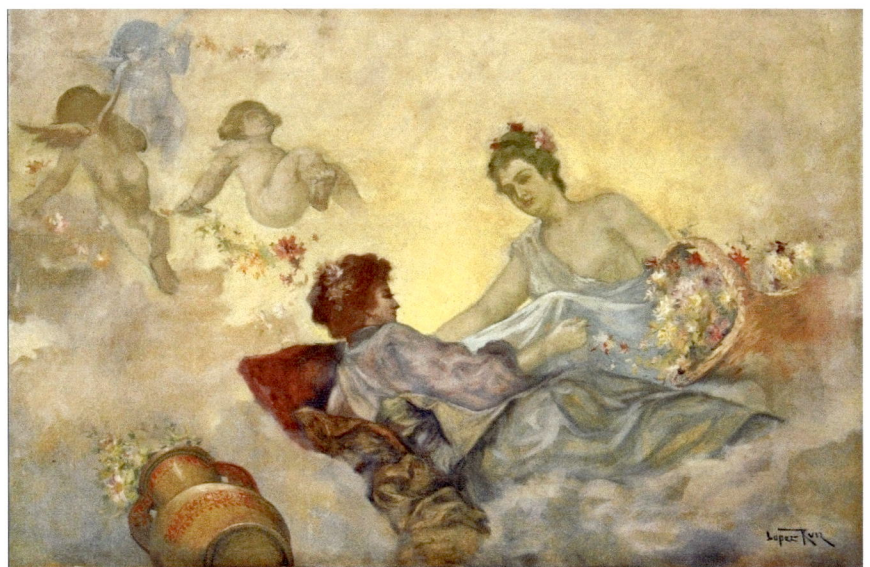

Fig. 121. *Venus y tres cupidos*, Casino de La Laguna

Francisco Bonnín Guerín (Santa Cruz de Tenerife 1874-1963) pintó en la casa de sus primos en Puerto de La Cruz el techo de una habitación con cupidos portando enormes jarrones y jóvenes semidesnudas desplazándose entre guirnaldas en trampantojo, como un poco antes había hecho Rafael de Avellaneda y como se puede ver en algunos techos de los palacios madrileños de Linares[187] y Liria, decorados por Francisco Pradilla (estamos en plena *Belle Époque*).

Pero el edificio más importante decorado con pintura al fresco, ubicado en Santa Cruz de Tenerife, es el palacio de **Capitanía General de Canarias**[188] [fig. 122]. Fue construido en la segunda mitad del siglo XIX (1878-1880), a instancias del capitán general[189] Valeriano Weyler y Nicolau (1838-1930), que da nombre a la Plaza Weyler, situada enfrente del palacio. El edificio[190], cuyas trazas realiza Tomás Clavijo, es de dos plantas y composición tripartita, destacando la parte central por las pilastras y el frontón clásico. Gumersindo Robayna Lazo[191] pinta la Sala del Trono o Salón de Corte (1881) [fig. 123], que situada en la planta noble era el escenario de los principales eventos del estamento militar. Los frescos, que se disponen en el friso curvo de la base del techo, sobre los vanos de la habitación (20,5x6 m), constituyen el primer programa iconográfico de las Islas Canarias, que pretende exaltar la unidad del Archipiélago, el mestizaje del pueblo canario y la pertenencia a España. Está concretado en doce recuadros pictóricos (en dos recuadros más aparecen las iniciales V y W alusivas al impulsor del edificio) protagonizados por figuras femeninas de inspiración clásica, vestidas con túnicas, ataviadas con coronas de flores y acompañadas de cupidos; están sentadas, recostadas o tumbadas en rocas o peñascos en medio del mar —del océano, mejor dicho— y sujetan el escudo de la isla en cuestión. Las islas de realengo —regidas directamente por la corona— están timbradas por una corona real abierta y las islas de señorío lo están por una corona condal; los emblemas insulares actuales parecen depender de aquí, a excepción del de Fuerteventura. Los recuadros más amplios corresponden a las alegorías de *La Nación* y *Las Islas Canarias*. Recientemente, en 2018, el salón fue restaurado con fondos del Ministerio de Defensa.

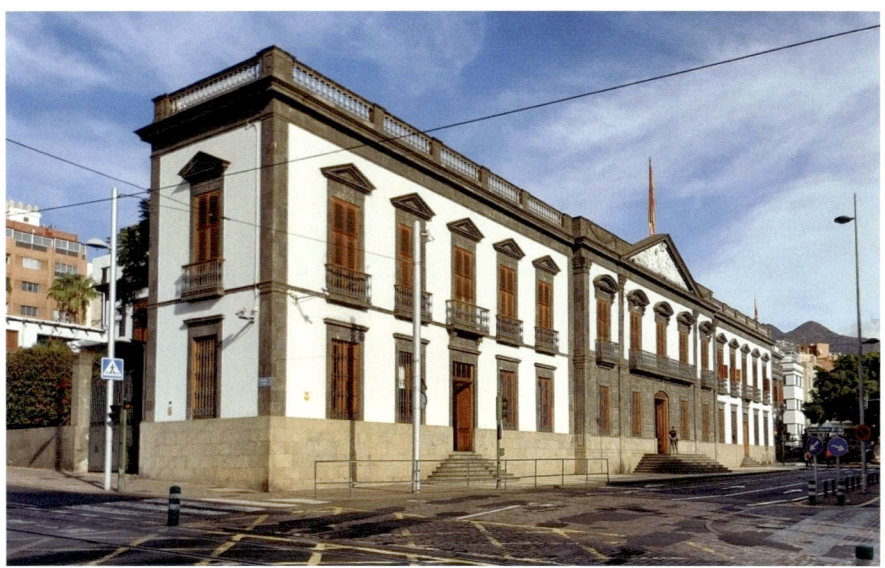

Fig. 122. Edificio de la Capitanía General de Canarias, Santa Cruz de Tenerife

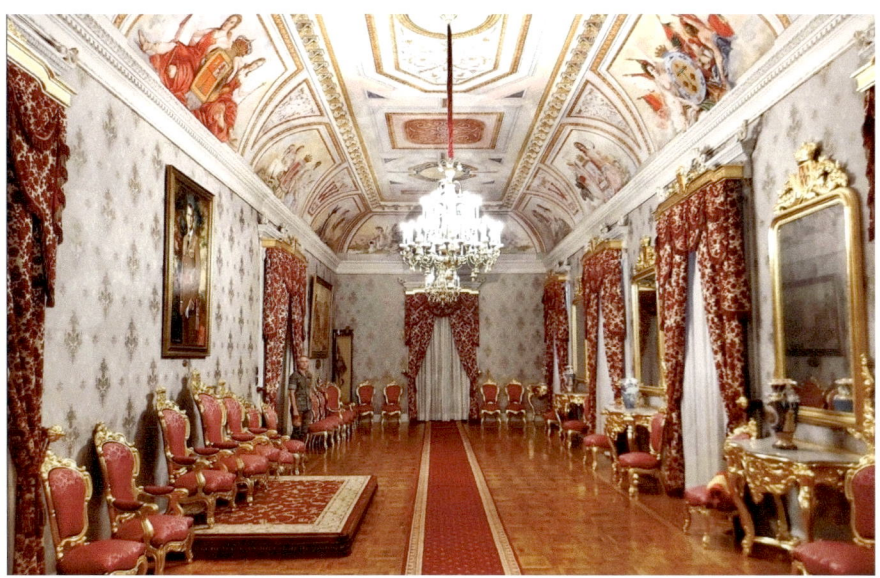

Fig. 123. Sala del Trono de la Capitanía General de Canarias

1) *Las Islas Canarias* [fig. 124]: en el centro, el escudo de Canarias es flanqueado a su derecha por un joven que responde a la tradicional representación de los ríos —apoyado en un cántaro del que mana agua y sujetando un cayado—, en este caso el Océano Atlántico, como se lee en una cartela ("OCEANO"). A la izquierda, una mujer coronada de flores, símbolo habitual de la diosa Flora o la Primavera y en este caso también de la fertilidad de las "Islas Afortunadas". El joven mira a un cupido alado que acaba de liberar a una paloma que porta en su pico una rama de olivo, símbolo de la paz; a su lado, los símbolos de la agricultura y el comercio insular (trigo, fardos, toneles, silo y nopal). La mujer, por su parte, hace lo propio con otro cupido, que sostiene una antorcha, símbolo del conocimiento. Al fondo, se observa la isla de Tenerife, de la que sobresale el pico del Teide, a la derecha, y, a la izquierda [fig. 125], el puerto de Santa Cruz con naves y la diosa Venus montada en un carro-concha tirado por tres caballos, ondeando al viento un gran manto, representación habitual de esta diosa o de Anfitrite[192], la esposa de Neptuno, el dios del mar; en ningún caso se podría tratar del dios Apolo en su carro solar, como a veces se ha supuesto.

Volviendo al escudo, el perro sobre el que se apoya alude a la posible etimología latina del nombre de las islas: *canis* ("perro")[193]. En un campo de azur aparecen sietes islas de plata bien ordenadas (dos, dos, dos y una en punta), surmontadas por una corona rostral. Este escudo fue utilizado por la Diputación Provincial hasta que el Archipiélago se dividió en dos provincias. Más tarde, en 1982, fue recuperado como emblema de la Comunidad Autónoma de Canarias[194].

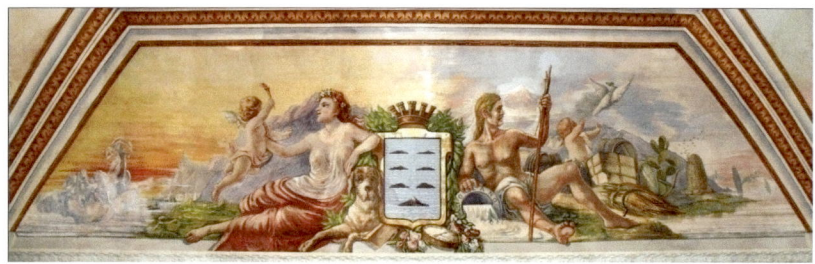

Fig. 124. *Las Islas Canarias*, fresco de la Sala del Trono de la Capitanía General de Canarias

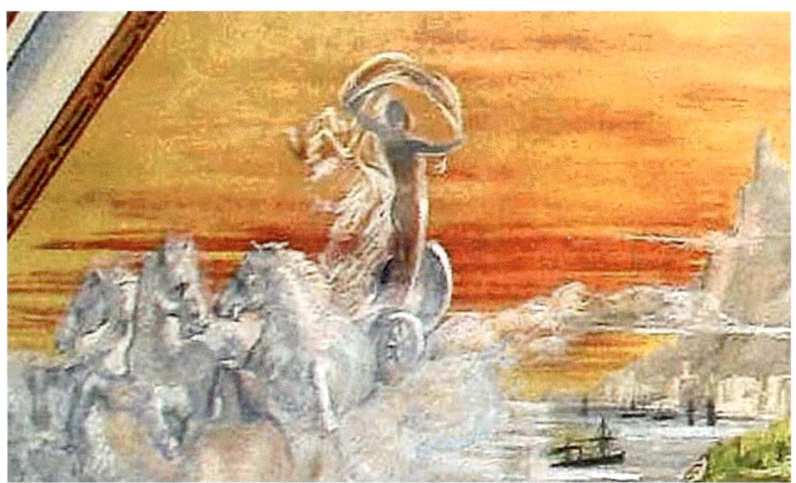

Fig. 125. Venus (o Anfitrite) en su carro, detalle de *Las Islas Canarias*,
Sala del Trono

2) *La Monarquía* [fig. 126]: a ambos lados del escudo nacional se apoyan
dos figuras femeninas vestidas con túnicas rojas de orla dorada, que
representan a la Ley y a la Justicia. La primera, a la izquierda, porta
en su brazo derecho las tablas de la ley (puede leerse el año 1883, en
que se promulgó la Ley de Imprenta) y sujeta en su mano un cetro
sencillo. La segunda sujeta con una mano un cetro dorado acabado
en una cruz y con la otra, la tradicional balanza, que cae sobre su
túnica. El escudo, surmontado por la corona real cerrada, muestra los
tradicionales cuarteles con los diferentes reinos medievales que for-
maban España: Castilla (castillo), León (león rampante), Aragón
(cuatribarrada) y Navarra (cadenas). En la parte final (o entado) hay
una granada[195] en referencia al reino nazarí de Granada, el último en
incorporarse a la corona española. El escudo actual de España es muy
similar, sólo que añade las dos columnas de Hércules con el lema de
Plus ultra, "Más allá".

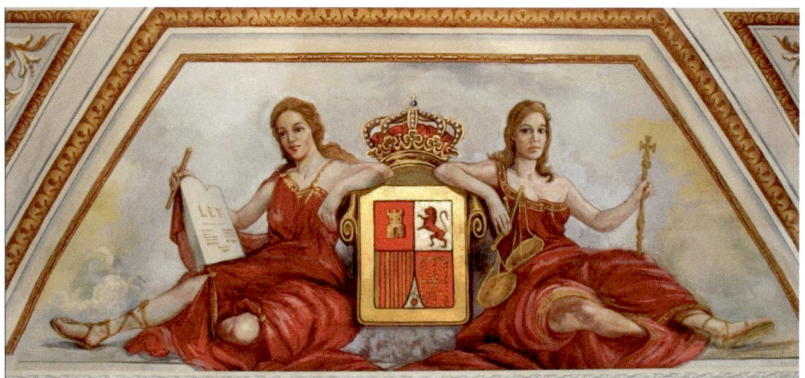

Fig. 126. *La Monarquía*, fresco de la Sala del Trono de la
Capitanía General de Canarias

3) *El Reino de Castilla y León* [fig. 127]: en el centro, el escudo del reino
al que se incorporó el archipiélago canario tras su conquista en el
siglo XV. Timbrado por una corona real abierta, consta de dos cuarteles verticales: en uno, un castillo dorado sobre fondo de gules y en
el otro, un león rampante de gules sobre fondo de plata[196]. A la derecha
del escudo, una figura femenina, representación de las islas, con corona
vegetal y sosteniendo en sus manos un junco y una pandereta. A la
izquierda, un niño apoyado en un can (nos recuerda el posible origen
etimológico de las islas), junto al que está echado un cordero. Debajo
del escudo, un haz de cereales.

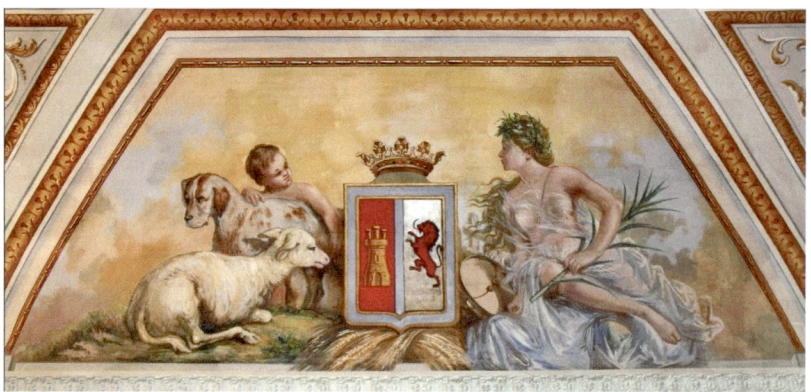

Fig. 127. *El Reino de Castilla y León*, fresco de la Sala del Trono de la
Capitanía General

4) *Gran Canaria* [fig. 128]: en el centro, el escudo concedido por la reina Juana de Castilla al cabildo de Gran Canaria en 1506. Los dos cuarteles superiores representan la vinculación de la isla a la Corona de Castilla: a la izquierda, en campo de gules, un castillo de oro almenado; a la derecha, en campo de plata, un león rampante de gules. El cuartel inferior (en campo de azur, un castillo de oro flanqueado por dos palmeras en su color, la planta más característica de Gran Canaria, con sendos perros a sus pies, alusivos a la supuesta etimología del nombre de la isla) se refiere a la fundación de la isla como "Real de Las Palmas". La bordura, con siete pares de espadas en aspa, alude, por su parte, a las batallas libradas para su conquista.[197] El escudo está surmontado por una corona real abierta, y en la base aparecen el haz de trigo, la hoz y el caduceo, símbolos de la agricultura y el comercio de la isla. A la izquierda del escudo, la personificación de la isla como una matrona de túnica blanca y falda verde sosteniendo un arado. Y a la derecha, un niño con una vara, situado detrás de dos corderos echados. Ambas figuras son, de nuevo, alusiones a la agricultura y a la ganadería, respectivamente.

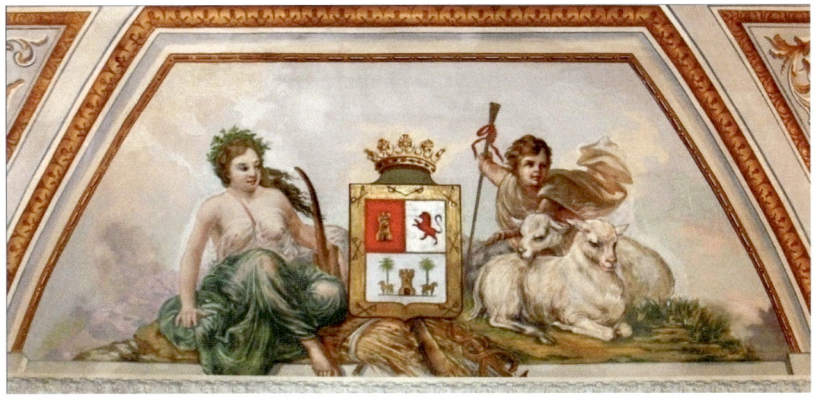

Fig. 128. *Gran Canaria*, fresco de la Sala del Trono de la
Capitanía General de Canarias

5) *Fuerteventura* [fig. 129]: es una de las representaciones más sobrias y enigmáticas. Una mujer recostada sobre el tronco de un árbol seco (probable alusión a la sequedad de la isla y a su difícil historia, marcada

por las hambrunas y los ataques berberiscos), mientras un cupido la despoja de su túnica (nos recuerda a una Venus o a Antíope dormida cuando es descubierta por Júpiter en forma de sátiro). Éste sostiene un escudo timbrado con corona condal con un león rampante de gules sobre fondo de plata, que son las armas de Jean de Bethencourt (1362-1425), caballero normando que conquistó las primeras islas (Lanzarote, Fuerteventura y El Hierro), para la Corona de Castilla y fue señor de ellas.[198]

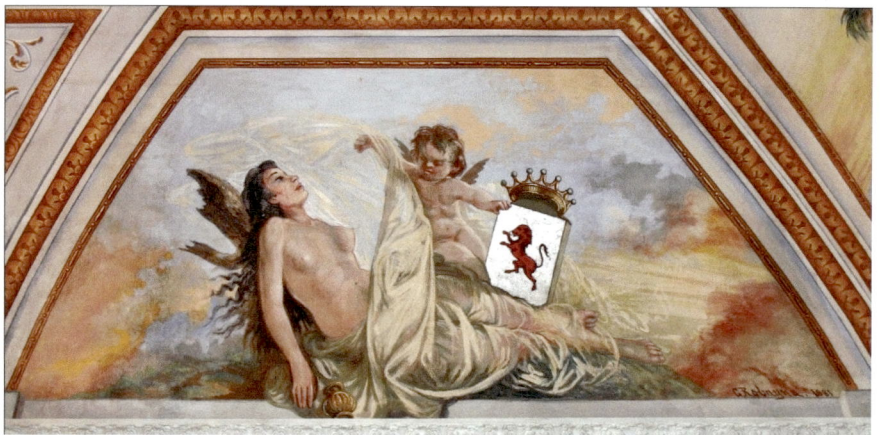

Fig. 129. *Fuerteventura*, fresco de la Sala del Trono de la Capitanía General de Canarias

6) *La Nación* [fig. 130]: en el centro, el escudo de Castilla, surmontado por una corona rostral, con sus tradicionales cuarteles de leones y castillos y la granada bajo ellos. A la izquierda del escudo, un león, símbolo de la fuerza y el poder del reino, y, a la derecha, una doncella (personificación del reino) sentada con traje blanco y manto rojo sobre sus piernas portando en su brazo derecho un cetro. Tras el escudo, las columnas de Hércules y el lema "Plus ultra", que se incorporaron definitivamente tras la conquista de América. Junto al león se representa una alegoría de las artes a través de diversos objetos (telescopio, pluma y tintero, instrumentos musicales, rueca, globo terráqueo). Y junto a la doncella, una alegoría de la industria y la agricultura (espigas y frutos, fardos y maquinaria). En los extremos, alegorías del

Océano Atlántico, a la izquierda, y del Mar Mediterráneo, a la derecha, a través de ancianos barbados apoyados en sendos cántaros de los que mana agua (en la boca de uno se lee "OCEANO" y en la del otro, "MEDITERR").

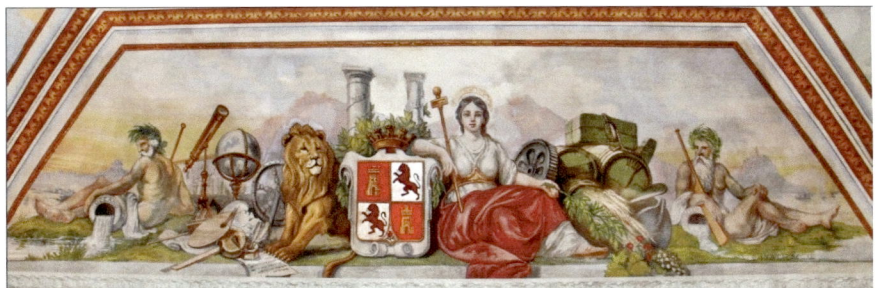

Fig. 130. *La Nación*, fresco de la Sala del Trono de la Capitanía General de Canarias

7) *El Hierro* [fig. 131]: el escudo de la isla, inclinado hacia la derecha, es sostenido por una figura femenina, vestida de blanco con manto rojo, y por un cupido. En el escudo, timbrado de corona condal (alude a la familia Herrera, que fueron condes de la Gomera, señores de El Hierro y marqueses de Lanzarote), aparece en un fondo de azur un árbol[199] de sinople surgiendo de un charco de plata, flanqueado por un castillo de oro y un león de gules, que simbolizan la vinculación a la Corona de Castilla.[200]

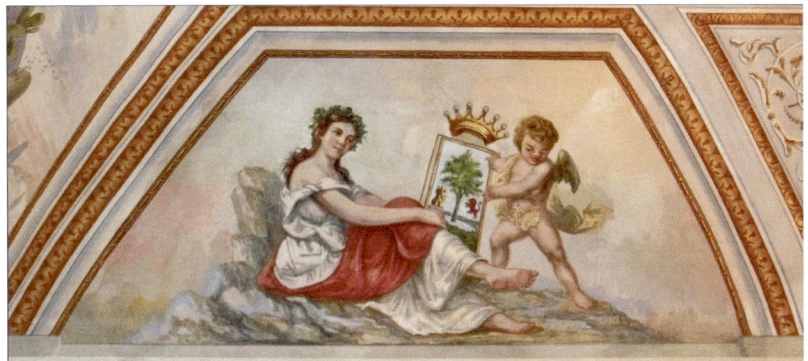

Fig. 131. *El Hierro*, fresco de la Sala del Trono de la Capitanía General de Canarias

8) *Lanzarote* [fig. 132]: el escudo de la isla es sostenido inclinado, igualmente, por un cupido y por una figura femenina de pelo negro (símbolo de la isla), coronada de flores y vestida con túnica blanca. El escudo, inspirado en el de la familia Herrera, citada antes, y timbrado con corona condal, presenta cinco calderos de gules sobre fondo de oro y ocho calderos más en la bordura de plata.[201]

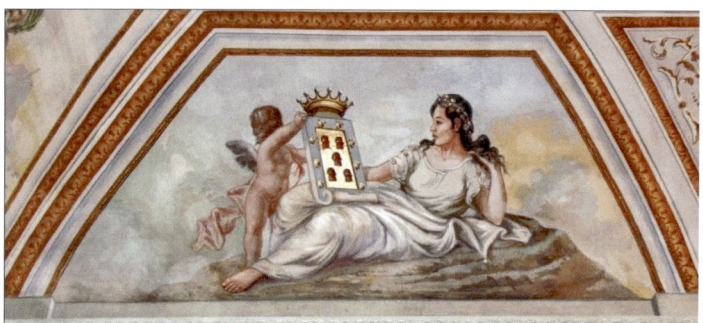

Fig. 132. *Lanzarote*, fresco de la Sala del Trono de la Capitanía General de Canarias

9) *La Gomera* [fig. 133]: de iconografía similar a la de las dos islas anteriores, el escudo se apoya en el regazo de una joven, vestida de blanco con manto y lazo rosa en la cintura que sostiene un cayado; en la tarea le ayuda un cupido, que aquí se muestra de espaldas. El escudo, timbrado en corona condal, muestra nuevamente las armas de la familia Herrera: dos calderos de oro en campo de gules y bordura de plata con doce calderos de oro.[202]

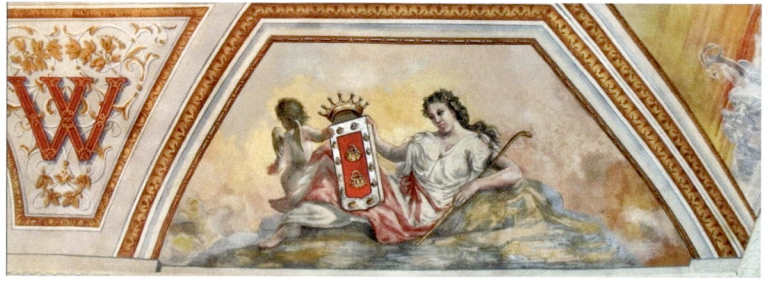

Fig. 133. *La Gomera*, fresco de la Sala del Trono de la Capitanía General de Canarias. A la izquierda, la inicial del apellido de Valeriano Weyler, el promotor del edificio.

10) *La Palma* [fig. 134]: en el centro, apoyado en abundante vegetación, propia de la isla, el escudo que la reina Juana I de Castilla otorgó al cabildo de La Palma: timbrado por la corona real, contiene sobre fondo de azur una torre de oro almenada, de la que emerge la figura del arcángel Miguel —que dio nombre a la isla, San Miguel de La Palma—, sosteniendo en la diestra una balanza de oro; a la izquierda, una palmera[203], que alude al nombre de la isla. La presencia del castillo con San Miguel, a su vez, hacen referencia, por un lado, a la incorporación de la isla y de la ciudad, Santa Cruz, a la corona de Castilla y, por otro, al antiguo nombre de la ciudad, que originalmente se llamó Santa Cruz de San Miguel de La Palma. El escudo de nuestro fresco está flanqueado, a la izquierda, por una mujer que sostiene con sus dos manos una llave, símbolo de la fidelidad de la isla ante los ataques extranjeros, y, a la derecha, por un pastor que sujeta un cayado, con una cabra y una chácara[204] a sus pies, símbolos también insulares.

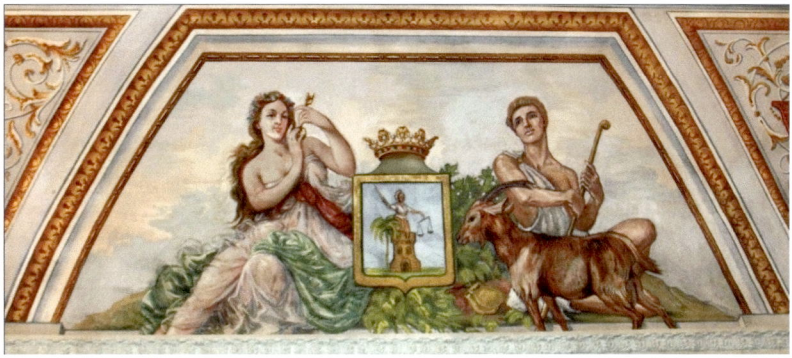

Fig. 134. *La Palma*, fresco de la Sala del Trono de la Capitanía General de Canarias

11) *Tenerife* [fig. 135]: en el centro, el escudo, concedido también por Juana I de Castilla en 1510. Timbrado por la corona real abierta, contiene en bordura de oro sobre ondas de azur y plata una isla con un volcán, el Teide, escupiendo fuego, surmontado por la figura del arcángel Miguel, en cuya onomástica (29 de septiembre de 1496) se conquistó la isla; porta una lanza en una mano y un escudo en la otra; a la izquierda, un castillo de oro y, a la derecha, un león de gules, que

simbolizan la incorporación de la isla de Tenerife a la Corona de Castilla y León.[205] El escudo está flanqueado, a la derecha, por una figura femenina que representa a la isla, que sostiene en una mano una hoz dorada y un cuerno de la abundancia invertido, repleto de flores y frutos, que aluden a la fertilidad de la isla. A la izquierda, un cupido conduce, entre nubes, un carro tirado por dos dragones, sosteniendo con una mano las riendas y con la otra, una antorcha, símbolo del conocimiento. Esta imagen nos recuerda la iconografía habitual de Ceres, la diosa romana de la agricultura, cuando se desplazaba por el cielo en un carro similar con una antorcha —o dos— buscando a su hija Proserpina. Los dragones también pueden aludir al mito del Jardín de las Hespérides[206], que la tradición ubicaba en el Valle de La Orotava.

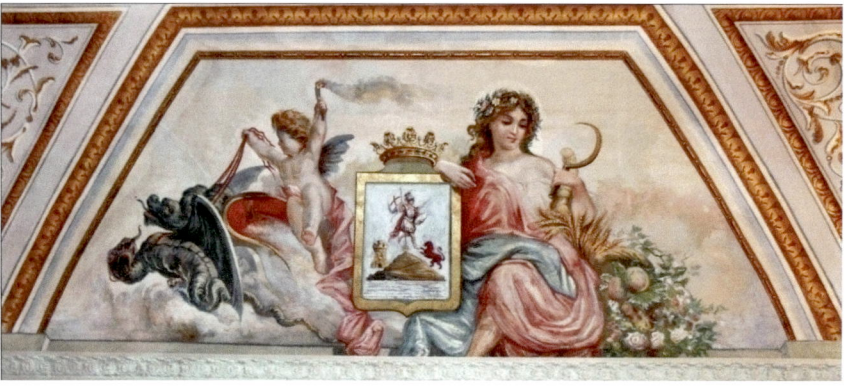

Fig. 135. *Tenerife*, fresco de la Sala del Trono de la Capitanía General de Canarias

12) *Santa Cruz de Tenerife* [fig. 136]: en el centro, el escudo de la ciudad de Santa Cruz de Santiago de Tenerife, concedido por Carlos IV en 1803 por la actuación de la ciudad frente al ataque de la armada de Nelson el 25 de julio de 1797[207] (fiesta de Santiago), de ahí que el protagonismo del escudo, ovalado y timbrado por corona rostral, sea una cruz de Santiago de sinople con puntas rematadas de gules en campo de oro; en la parte inferior, tres cabezas de león[208], siendo la central atravesada por la punta de la cruz de Santiago[209]. La bordura, de azur, tiene como fondo el océano: en la parte superior (o jefe), la isla de

Tenerife (o el Teide) y en el resto, tres castillos[210] que se alternan con cuatro anclas. El escudo es sujetado, a la izquierda, por una joven alada, vestida con túnica que deja al descubierto un pecho (símbolo de fertilidad) y sostiene en su mano derecha la palma, símbolo de la victoria en las diferentes batallas libradas por la isla; se podría identificar, por tanto, su figura con la diosa de la Victoria (la Nike griega). A la derecha, dándonos la espalda, una figura masculina, que sostiene una espada y está rodeado de objetos alusivos a la guerra (coraza, casco, bayonetas y arcabuz), mira a las banderas que en grupo de tres se reparten a ambos lados.

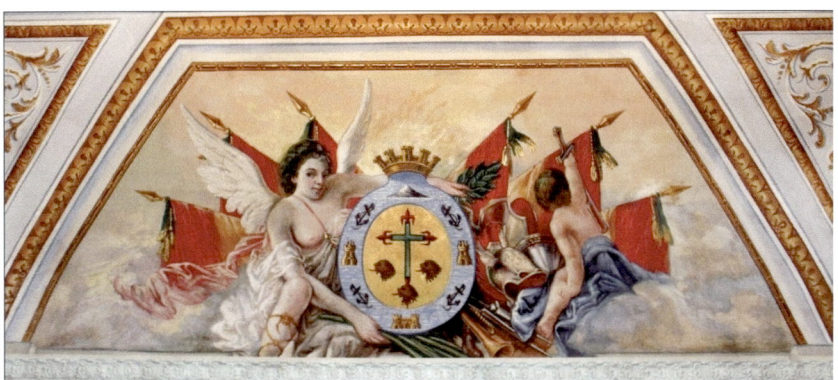

Fig. 136. *Santa Cruz de Tenerife*, fresco de la Sala del Trono de la Capitanía General de Canarias

El salón alberga también dos jarrones de época, decorados en el cuerpo central con sendas escenas en color de dos cupidos alados, sentados sobre nubes. Probablemente formarían parte de una serie sobre las estaciones, pues en un caso un cupido porta una hoz y un ramo de espigas (el *Verano*) y en el otro los dos cupidos, rodeados de guirnaldas y cesta de flores juguetean don dos palomas (la *Primavera*). En lugar de asas los jarrones presentan sendas figurillas de sátiros, uno masculino y otro femenino.

En la misma ciudad de Santa Cruz hallamos otro edificio con techos pintados, pero en este caso con lienzos. Se trata del **Ayuntamiento**[211], comenzado a construir en 1898 por el arquitecto[212] Antonio Pintor y Ocete (Motril 1862-Santa Cruz de Tenerife 1946). Su Salón de Plenos[213], de doble altura (22,60x10,60 m) tiene en el techo un panel central pintado por **Manuel González Méndez**[214] (Santa Cruz de La Palma 1843-Barcelona 1909) con la escena de *La Verdad venciendo al Error* (1904, óleo sobre lienzo, 10x15 m) [fig. 137]. Cuando recibe el encargo en 1902, marcha a París —como indica la firma: "M. G. Méndez. París"— para realizar en su estudio este lienzo de grandes dimensiones; vuelve con él en el otoño, pero no sería colocado hasta noviembre de 1905. Sigue la iconografía tradicional: la Verdad es representada como una mujer desnuda con una copa de la que sale la luz; las figuras se distribuyen en dos grupos y en el extremo superior derecho aparece Minerva, la diosa protectora, que nos recuerda la primitiva función del edificio como Palacio de Justicia.

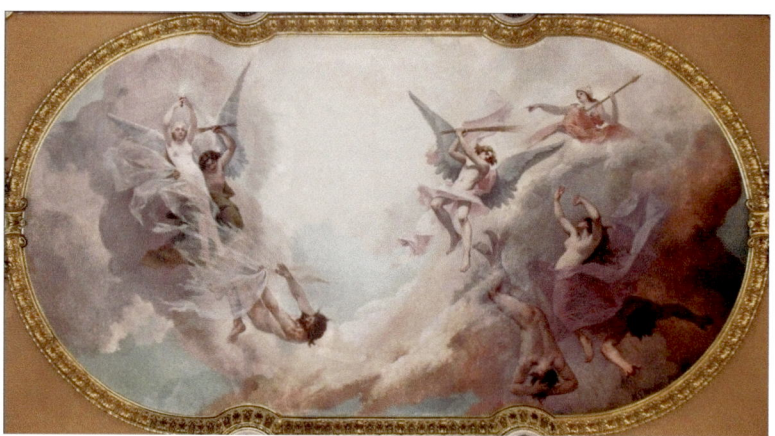

Fig. 137. *La Verdad venciendo al Error*, Manuel González Méndez, Salón de Plenos del Ayuntamiento

En la base del techo, circundando las cuatro paredes superiores se disponen 20 lunetos (lienzos de 190x90 cm), siete en los lados mayores y tres en los menores, que fueron encargados al pintor gijonés Juan Martínez Abades (1862-1920) en 1906 por concurso público[215]. Representan las siguientes alegorías, comenzando por el lado principal[216], al fondo, y siguiendo de izquierda a derecha: 1) *Comercio* (el dios Mercurio de medio cuerpo con sus típicos atributos) [fig. 138]; 2) *Patria* (mujer coronada con el escudo de España junto a un león) [fig. 139]; 3) *Trabajo* (hombre trabajando con su pico en una cantera); 4) *Caridad* (joven consolando a una anciana); 5) *Verdad* (mujer desnuda mirándose en un espejo); 6) *Agricultura* (hombre con una guadaña y una gavilla bajo el brazo); 7) *Fe* (mujer con los brazos cruzados sobre el pecho y los ojos vendados); 8) *Instrucción* (mujer enseñando un libro a una niña; 9) *Religión* (una mujer ilumina con una lámpara de aceite una cruz adornada con flores; 10) *Paz* (mujer en medio de un paisaje portando una rama de olivo) [fig. 140]; 11) *Ciencia* (sabio en una mesa con un telescopio y un mapamundi); 12) *Justicia* (mujer con la espada en su mano derecha y balanza en la izquierda) [fig. 146]; 13) *Higiene* (médico curando a un joven); 14) *Industria* (mujer sentada entre piezas de máquinas) [fig. 145]; 15) *Navegación* (un marino llevando el timón de un barco de la época de los Descubrimientos); 16) *Literatura* (una mujer sentada en un jardín lee un pergamino) [fig. 144]; 17) *Arquitectura* (mujer sentada en una mesa con un compás sobre un plano, en medio de columnas) [fig. 143]; 18) *Música* (mujer tocando un arpa en una terraza abierta a; mar) [fig. 142]; 19) *Pintura* (una pintora delante de su caballete); 20) *Escultura* (mujer delante de un busto en un ambiente cerrado) [fig. 141]. A petición de los ediles el pintor aceptó modificar algunos lunetos, pues ya era Palacio Municipal. En general, la iconografía se simplifica o se desvía de la versión tradicional. Están todos firmados y fechados (1906). En 1986 y 1994 fueron restaurados.

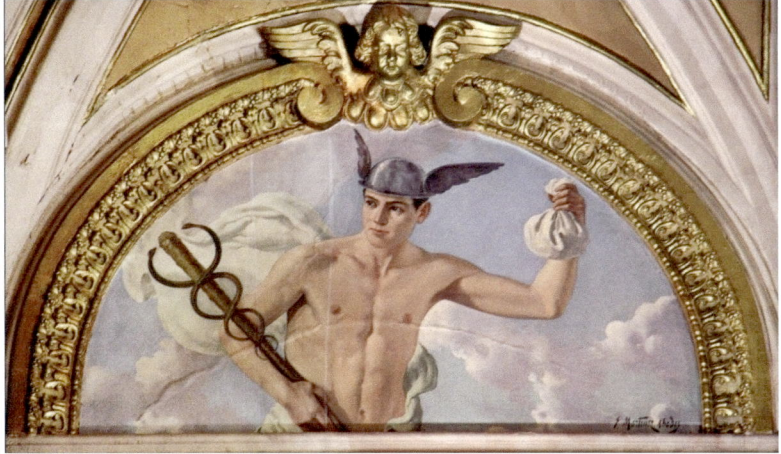

Fig. 138. *Comercio*, Juan Martínez Abades, luneto del Salón de Plenos del Ayuntamiento

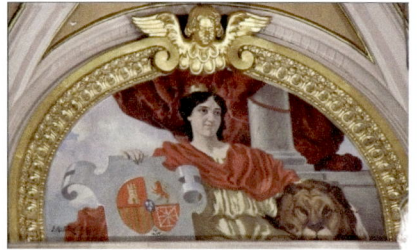

Fig. 139. *Patria*

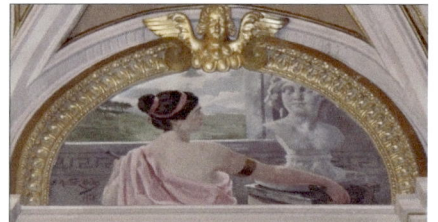

Fig. 141. *Escultura*

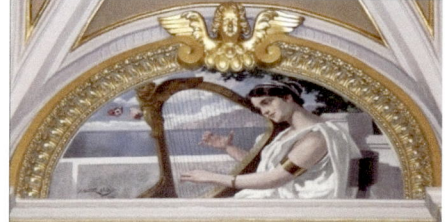

Fig. 142. *Música*

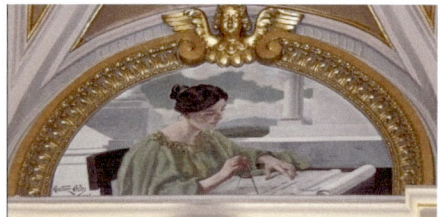

Fig. 143. *Arquitectura*

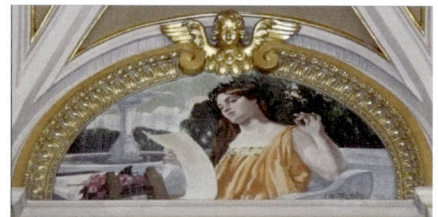

Fig. 144. *Literatura*

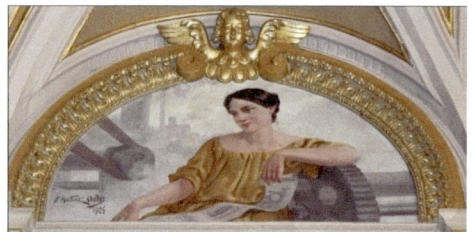

Fig. 145. *Industria*

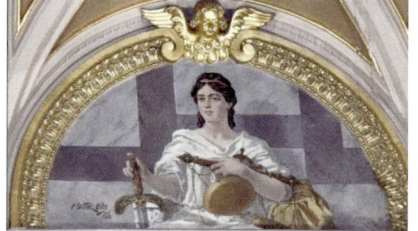

Fig. 146. *Justicia*

Destacamos también de este salón un mural de José Aguiar García, *El nacimiento de las siete islas*, representado por siete mujeres que emergen de una gran mano creadora. Y las tres vidrieras modernistas de la cabecera del salón, realizadas en Barcelona, presentan motivos alegóricos referentes a la historia de la ciudad; la central contiene el escudo de armas de la ciudad, flanqueada por una *Victoria alada* (con epígrafes "*Pro Patria*" y "25 Julio 1797", alusivos a la victoria naval sobre el inglés Nelson), a la izquierda, y la *Caridad* (matrona con dos niños en los brazos, con epígrafe "*Fides et charitas*" y "20 Abril 1894", alusivos a la epidemia de cólera del año anterior), a la derecha. Señalamos, por último, las dos esculturas colocadas en hornacinas del vestíbulo del edificio: *Venus de Milo* y *Esclavo moribundo* de Miguel Ángel, cuyos originales se encuentran en el Museo del Louvre.

En una colección particular de **Guimar** (Tenerife) se conserva un boceto de González Méndez para un techo sobre *Cupido*[217] (óleo sobre lienzo, 44x 62,5 cm): el dios del amor, rodeado de figuras femeninas recostadas sobre nubes, hace un brindis levantando una copa con su mano derecha, mientras que sujeta su arco con la otra mano. Sabemos también que pintó, en tamaño más reducido, los techos de dos estancias de la Casa de la Señora Pérez de Guerra de Santa Cruz de Tenerife con los temas de *Cupido* y *El triunfo del Amor*, que con el tiempo fueron vendidos al Ayuntamiento[218] y hoy se encuentran en los depósitos de su Museo Municipal. Y que en sendas colecciones particulares de Santa Cruz de Tenerife se hallan los óleos sobre concha de nácar *Ninfa* (22x21,5 cm, firmado: "A son meilleur ami R. Hardisson. M.G. Méndez") y *Sirena* (22,5x21 cm, firmado: "A madame Hardisson souvenir affetueux. M.G. Méndez").

Así mismo González Méndez tiene murales en el **Parlamento de Canarias** de Tenerife (antes Teatro de Santa Cecilia y Diputación Provincial de Canarias) sobre la historia de Canarias (*Fundación de Santa Cruz de Tenerife* y *Rendición de Gran Canaria*, 1906, óleos de 240x120 cm) y la Constitución Española de 1812[219]. En el techo de la sala principal se representa en un cielo abierto a la diosa de la *Victoria* (vestida, con grandes alas desplegadas y gesticulando con las manos; la figura tiene cierto aire andrógino) [fig. 147] y a tres cupidos portando instrumentos musicales, que aluden a la función original de este edificio, al igual que los 17 recuadros de nombres de músicos, separados por columnas corintias, que rodean la escena principal.

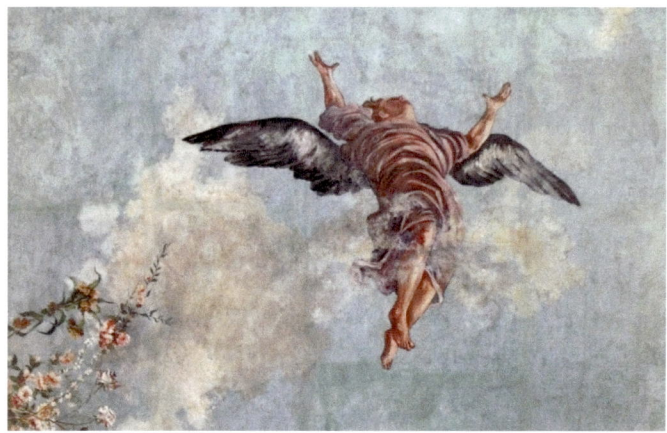

Fig. 147. *La Victoria*, González Méndez

Mariano de Cossío[220] (Valladolid 1890-1960), por su parte, pinta el techo del **Paraninfo de la Universidad de La Laguna**[221] (1958, temple sobre lienzo, 20x30 m), que es una alegoría de las ciencias, la técnica, las artes y las letras; el fresco se compone de dos zonas unidas por una barandilla que corre alrededor; en un lado, el Derecho (alusión a Roma) y la Filosofía (alusión a Grecia), con las esculturas *Moisés* (de Miguel Ángel) y *El Pensador* (de Rodin) y edificios clásicos al fondo (uno de ellos, el Partenón); en el otro, la Ciencia y la Técnica, representadas por máquinas y hombres trabajando en ellas (alusión a las refinerías de petróleo de Santa Cruz de Tenerife). En una esquina se incluye una galería de retratos de los intelectuales de las generaciones del 98 y del 27 (Miguel de Unamuno, Santiago Ramón y Cajal, Juan Ramón Jiménez, Jacinto Benavente, Benito Pérez Galdós, Azorín, Manuel B. Cossío, Menéndez Pidal, Ortega y Gasset, Pérez de Ayala, Marañón, Jorge Guillén, Valle-Inclán, Pío Baroja, García Lorca y otros más) [fig. 148], de los que destacamos la figura del helenista y rector de la Universidad de Salamanca Miguel de Unamuno por su vinculación con las Islas Canarias[222]; de fondo, algunos edificios españoles (la torre de la iglesia de San Martín de Valladolid, la fachada de la Universidad de Salamanca, las torres de las dos catedrales, la Clerecía). Las palomas simbolizan la paz y las águilas, el poder y la fuerza, que, según el pintor, son fruto del estudio y del conocimiento.

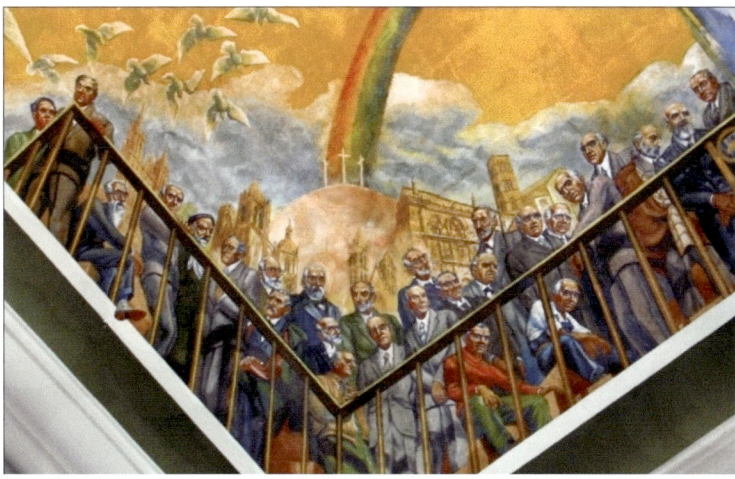

Fig. 148. Techo del Paraninfo de la Universidad de La Laguna

De este mismo edificio central de la Universidad de La Laguna, inaugurado en 1953, destacamos las siete vidrieras situadas en el rellano de la escalera principal, insertas en la pared, que desarrollan temas alegóricos apropiados al ámbito universitario, con cartelas identificativas en latín. Además de la figura central de *San Fernando*, patrono de esta Universidad, aparecen: *Virtus* (lámpara flameando), *Sapientia* (lechuza sobre libros coronada por una cruz) [fig. 149]; *Religio* (copón para la Sagrada Eucaristía y la cruz); *Philosophia* (libro cruzado por sendas plumas para su escritura); *Ius* (balanza) [fig. 150]; *Scientia* (lámpara con una llama y la habitual cruz) [fig. 151]. Fueron realizadas por el Taller de Maumejean, de origen francés.

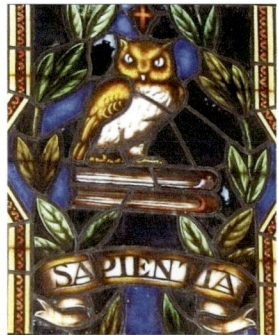 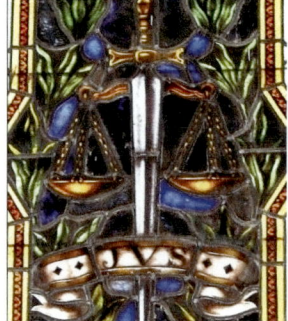 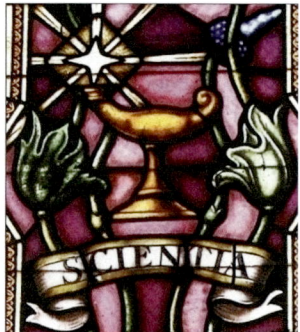

Fig. 149. *Sapientia*   Fig. 150. *Ius*   Fig. 151. *Scientia*
(Sabiduría)   (Derecho)   (Ciencia)

En **Las Palmas de Gran Canaria** encontramos edificios igualmente interesantes en este sentido. Manuel González Méndez decora, también a principios del siglo XX (1906), el techo del salón principal[223] del **Gabinete Literario**[224] con tres lienzos mitológicos[225] (carecen de firma), que actualmente están siendo objeto de una limpieza y restauración, debido a la presencia de moho —provocado por la humedad— y al abolsamiento de parte de los lienzos[226]. Los marcos que sujetan las telas, realizados con yeso, escayola y estopa, se acomodan al estilo del salón; son de trenzado sujeto con medallones adornados con volutas. La exactitud en el estudio del dibujo y de la línea pone de manifiesto la formación académica del pintor. Los temas representados son:

1) *Apolo con el carro solar* (7,2x6 m), en el centro [fig. 152]; el dios solar aparece a la izquierda conduciendo su carro, que se apoya sobre una nube y es tirado por dos amorcillos que enarbolan sendos arcos (un tercero está subido en el carro). El dios, cubierto de manto rosa, tiene melena rubia, de la que parten numerosos rayos, que se extienden por el cielo. En la parte inferior derecha se dispone un grupo de personajes que, como Apolo, tienen también un valor atmosférico o astral: el joven de tez morena, envuelto en un manto de rojo intenso, representaría el atardecer; las dos jóvenes dormidas que lo flanquean aludirían a la noche (sobre una de ellas duerme un niño, iconografía habitual de la

Noche); la joven del extremo que levanta un manto sería la Aurora abriendo el día y anticipando al dios, como se la suele representar en este tipo de escenas; más arriba dos amorcillos juegan con un manto rosa, el color atribuido desde Homero a la Aurora.

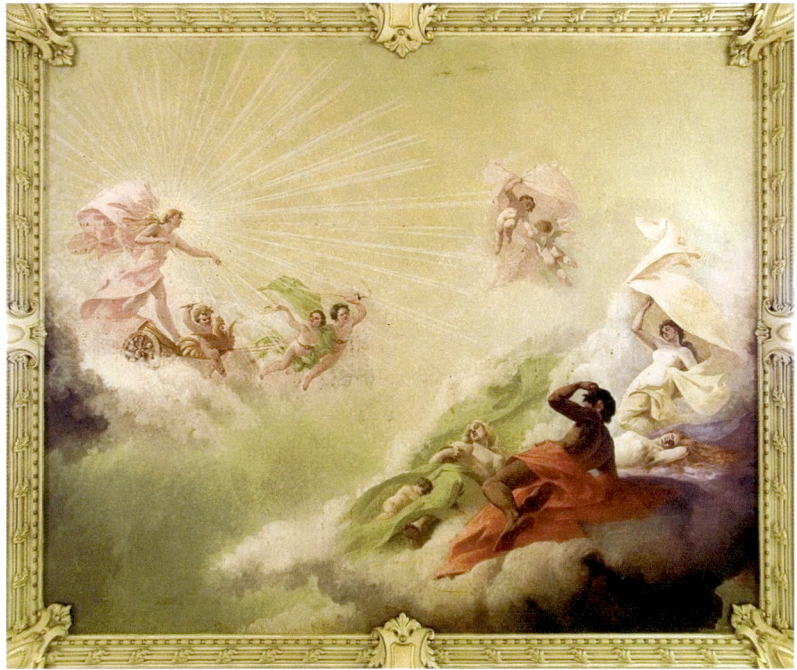

Fig. 152. *Apolo con el carro solar*, Gabinete Literario

2) *Talía, musa de la comedia* (6x4 m) [fig. 153]: la musa, con vestimenta clásica (peplo y peinado típicamente griegos) y suspendida sobre una nube, en la que aparecen ramas de olivo unidas por un lazo, sostiene un espejo con una mano y con la otra toma con delicadeza el manto sobre el que se haya sentada; en el extremo derecho tres amorcillos en pleno vuelo juegan alegremente, en contraste con el rostro de la musa, que inexpresivo y frío; uno de los amorcillos tapa su rostro con la máscara del teatro. La tonalidad es fría, a excepción del manto rojo que sostienen los amorcillos.

117

Fig. 153. *Talía*, Gabinete Literario

3) *Orfeo* (6x4 m) [fig. 154]: Orfeo, rodeado de un manto y suspendido igualmente en una nube de la que parten ramas de olivo, toca la lira, mientras recibe una corona de laurel. A la izquierda, un grupo de amorcillos bailan sobre una nube, movidos por la música del famoso músico tracio, sosteniendo al mismo tiempo una túnica blanca. A diferencia del lienzo dedicado a Apolo, el color es suave, con tonos blancos y verdes pálidos; en los rostros y cuerpos de los personajes se utilizan colores fríos y rosáceos. A diferencia del dedicado a Talía, la escena tiene más movimiento.

Los testeros laterales del salón fueron decorados por el pintor valenciano Antonio Fillol Granell (Valencia 1870-Castelvo, Castellón 1930) con cuatro lienzos (3,25x1,35 m) de temática desenfadada y alegre de sabor romántico, al estilo del pintor francés Watteau: *Noche de luna* (sobre una roca se alza una estatua de mármol de la Venus de Milo), *La danza*, *Canto de amor* y *El arlequín burlado*. El salón, que tiene en general un aire renacentista francés moderno, se convirtió en el tercer salón de representación de la ciudad, que

118

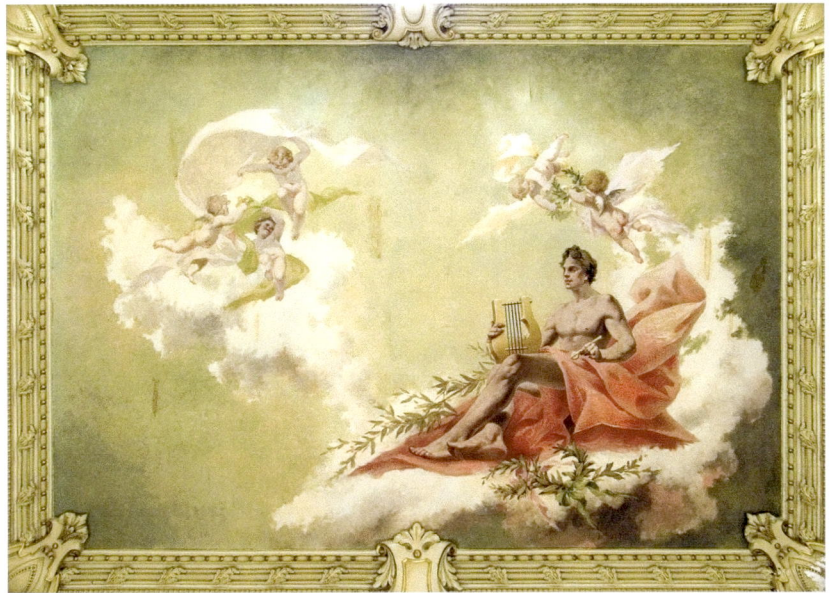

Fig. 154. *Orfeo*, Gabinete Literario

ya contaba con el "Dorado" del Ayuntamiento y el "Foyer" del Teatro Pérez Galdós.

Posteriores son los murales que decoran el **Hotel Santa Catalina**[227] de las Palmas, emblema turístico de Canarias, que a lo largo de su historia ha acogido a miembros de las casas reales europeas, a Winston Churchill, a Agatha Christie, a numerosos actores de Hollywood y a otros tantos viajeros ilustres. Este hotel, diseñado por el arquitecto escocés McLaren y construido por el inglés Norma Wright en 1890, ha sufrido varias reformas a lo largo de sus más de cien años de existencia (la última en 2019). **Néstor Martín Fernández de la Torre**[228] (Las Palmas 1887-1938), el único artista canario seguidor de las corrientes simbolista y modernista, dejó su huella en gran parte del mobiliario; su temprana muerte impidió que realizara las obras pictóricas que adornan diferentes espacios del hotel, que fueron asumidas por **Jesús Arencibia**[229] (Las Palmas 1912-1993), que pinta tres estancias (1950-1951, óleo sobre lienzo). En las enjutas de los arcos del salón principal se despliegan exuberantes figuras masculinas y femeninas inmersas en faenas agrícolas. Pero nos interesa especialmente el friso del antiguo comedor [fig. 155], al que extrañamente se ha llamado *Olimpo*, pues sólo aparece la diosa Diana (Ártemis) en el centro de una larga escena sentada sobre dos figuras masculinas, y señalando con su brazo hacia los tres ciervos cazados por sus compañeros.

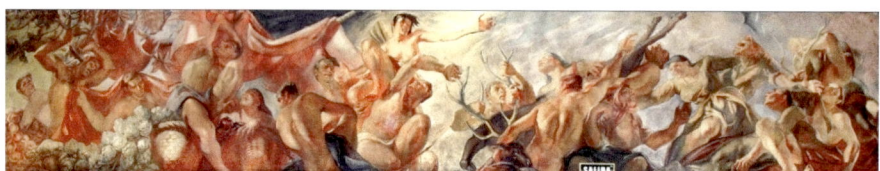

Fig. 155. *Diana preside una escena de caza*, Arencibia, comedor del Hotel Santa Catalina, Las Palmas

Más recientemente el pintor grancanario **José Dámaso Trujillo** (1933), cuya obra se inspira en la cultura vernácula, decoró un salón con cuatro grandes paneles de las *Estaciones* [fig. 146], utilizando como elementos compositivos en todos ellos la palmera y la figura masculina. En cuanto a escultura, este hotel alberga dos desnudos en bronce, encargados a Plácido Fleitas en 1946: *La Tierra* y *El Mar* (140 cm de alto), sosteniendo en sus manos, respectivamente, un racimo de varias frutas y una caracola.

El mencionado Néstor, unos años antes, entre 1924 y 1935, realizó sus obras de mayores dimensiones, como los paneles y murales. En el **Teatro Pérez Galdós**[230] de Las Palmas (1925-1928), en el patio de butacas, pinta diez óvalos con motivos frutales. Encima del telón del escenario, en el frontispicio de la sala, pintó cinco grandes recuadros con figuras desnudas, que forman un alargado friso con la escena de *Apolo y dos musas* en el centro [figs. 156-157]: a los pies del dios, que sostiene una lira sobre su hombro izquierdo, las figuras de *Talía y Melpómene* (sujeta una espada con la mano derecha), musas de la comedia y de la tragedia, respectivamente, con sus habituales máscaras, en una posición que recuerda el grupo escultórico del *Día* y la *Noche* que Miguel Ángel hizo para la tumba de Lorenzo de Médicis en Florencia[231]; en los recuadros rectangulares que lo flanquean se representa a la *Danza* y al *Canto* a través de *putti*, cestones de frutas y guirnaldas de flores, que el pintor utiliza en el resto de murales del teatro. Al final de las

120

escaleras que llevan al palco presidencial se halla el Salón Saint-Saëns[232], donde realiza un friso corrido en todo el perímetro de la estancia con efebos y mujeres andróginas que soportan la guirnalda de frutos, en clara alusión a las riquezas de la Atlántida o las Islas Afortunadas; en las esquinas, cuernos de la abundancia.

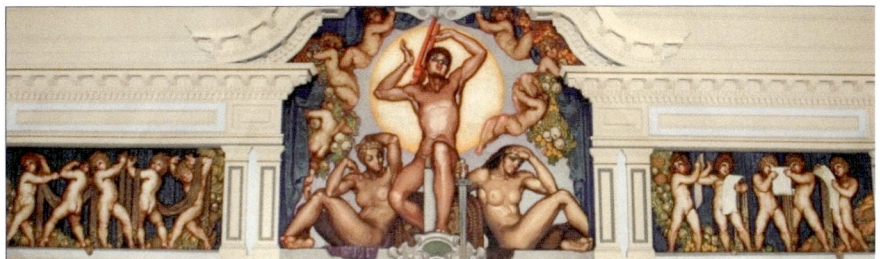

Fig. 156. *La Danza* / *Apolo y dos musas* / *El Canto*, frontispicio del escenario del escenario del Teatro Pérez Galdós

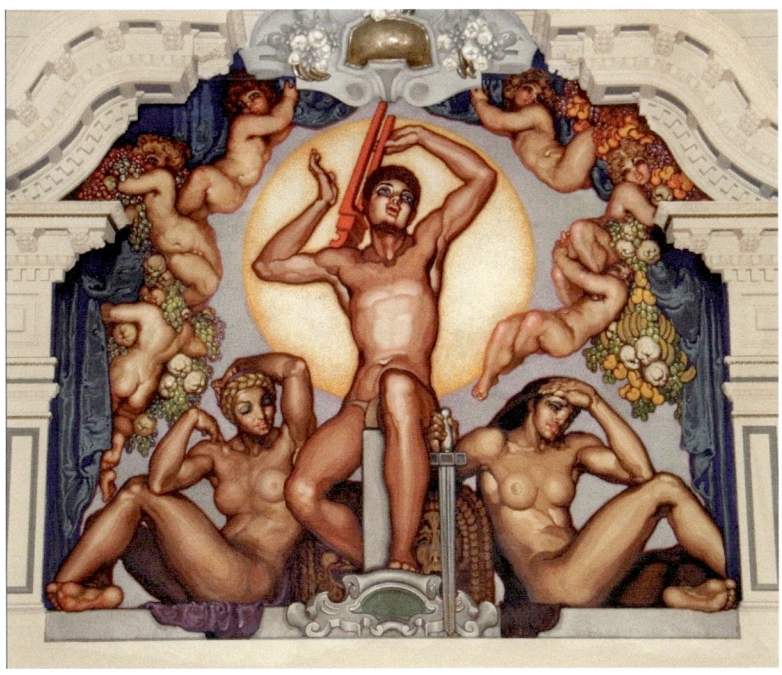

Fig. 157. *Apolo con Talía y Melpómene*, Friso superior de la embocadura del escenario del Teatro Pérez Galdós

La última obra muralista de Néstor[233] —y la más lograda, según algunos— son los dos grandes paneles (25x4 m) *El Mar* y *La Tierra* para el salón de baile del **Casino de Santa Cruz de Tenerife**, realizado entre 1931 y 1935. Es un canto a los hombres y mujeres canarios del siglo XX que trabajan en la agricultura y en la pesca; la composición, cargada de escorzos y estudios anatómicos, destaca por la sobriedad del color, que contrasta con su producción precedente.

El **Tribunal Superior de Justicia de Canarias**, en su sede de Las Palmas (plaza de San Agustín, 6), alberga el cuadro procedente del Museo del Prado *Las fiestas de Baco*[234] (ca. 1892, 200x300 cm, nº inv. P005595) [fig. 158], obra de Manuel Picolo Lopez (Murcia, 1851-1913). En un recinto arquitectónico se despliegan los distintos personajes, en grupo o en pareja, víctimas de los efectos del vino; en primer término, apoyado sobre un pedestal, coronado de pámpanos y elevando su copa, se muestra la figura del dios Baco, rodeado de dos sátiros y dos bacantes; la figura de la izquierda sobre la escalinata, vestido con toga, parece contemplar estupefacto la escena.

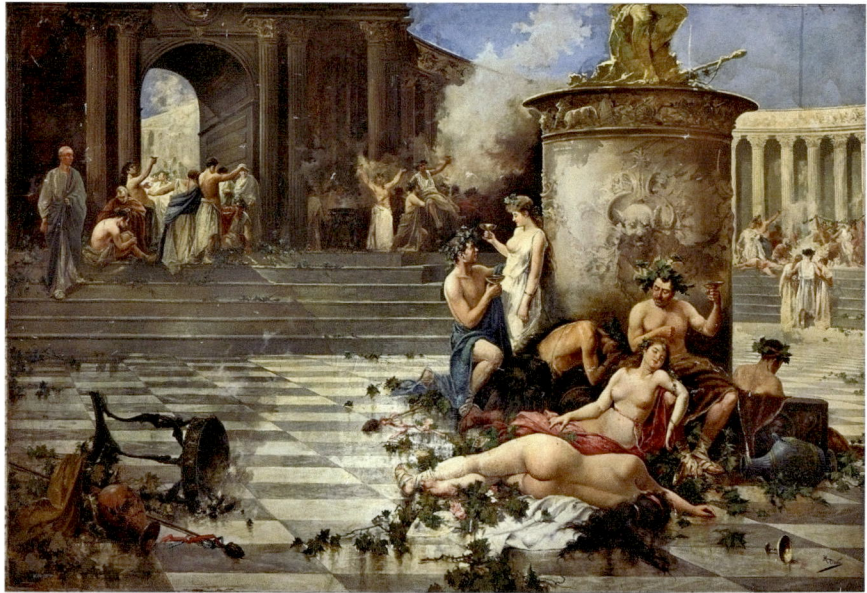

Fig. 158. *Las fiestas de Baco*, Picolo López, Tribunal Superior de Justicia de Canarias

III.5. Pintura en museos

Siguiendo la estela de Néstor Martín Fernández de la Torre, en 1956 se le dedicó a este pintor un **Museo**[235] (hoy, cerrado por reformas) en su ciudad natal, Las Palmas. Centrándonos en las pinturas mitológicas hay que mencionar: *Leda y el cisne*[236] (1903, dibujo preparatorio, 12x12 cm); *Adagio* (1903) [fig. 162] presenta las mismas características que el dibujo anterior, ritmos curvilíneos e interés por el desnudo; el cisne es un símbolo plurivalente y equívoco; en el terreno erótico tiene un doble significado: masculino por su actividad y largo cuello de forma fálica y femenino por lo redondeado y sedoso de su cuerpo[237]. *Hércules entre llamas amasando el túmulo de Pirene*[238] (1908-1909, 300x400 cm) [fig. 161], el lienzo de mayor superficie, en la sala 2, inspirado en la obra *La Atlántida* de Jacinto Verdaguer, estaba destinado a decorar, junto a otros tres lienzos, el salón de la Sociedad El Tibidabo de Barcelona. *El jardín de las Hespérides*[239] (1908-1909, 300x400 cm, col. part. de Barcelona) [fig. 159] sería uno de esos tres restantes[240]: en primer término aparecen danzando las siete doncellas que custodiaban el Jardín de las Hespérides junto con un dragón, que se muestra al fondo sujetado con una correa por una de las jóvenes; detrás de él se divisa la silueta azul del monte Atlas, que recuerda al Teide; de las copas de los árboles caen las manzanas de oro (parecen más bien naranjas), el fruto de la inmortalidad, que tenía que recoger Hércules en su undécimo trabajo. En esta misma sala 2 se ubica su famoso cuadro *Epitalamio* con el subtítulo de *Las bodas del príncipe Néstor*, en la que aparece el mismo pintor idealizado. Con *Las tres Gracias* (1916) participa en una exposición colectiva de las Galerías Layetana de Barcelona. A la historia antigua dedica *Berenice*[241] (1909, 200x200 cm, col. part.

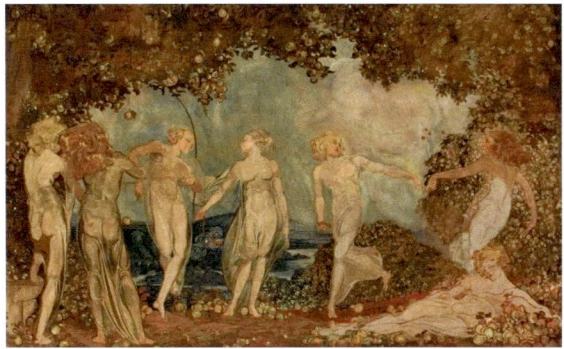

Fig. 159. *El Jardín de las Hespérides*

de Barcelona), que adornaba el comedor del artista en su casa de la calle Alameda de Madrid hasta que fue rescatada para Canarias.

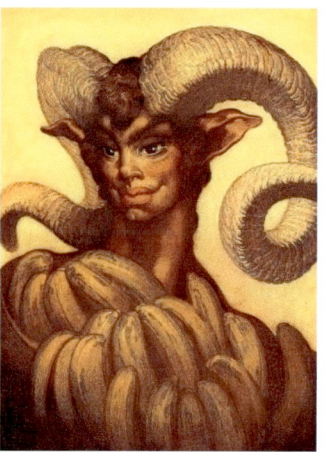

Fig. 160. *Sátiro del Valle de las Hespérides*

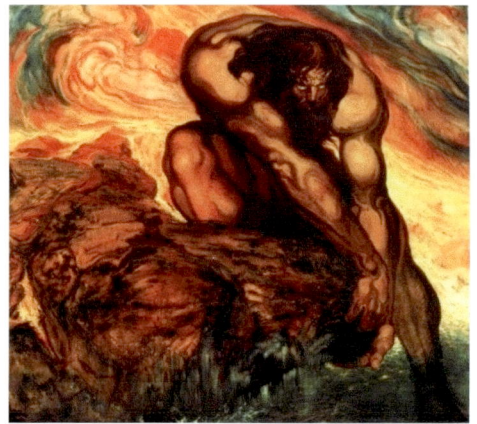

Fig. 161. *Hércules formando la tumba de Pirene*

En la sala 3, el *Poema del Atlántico* (o *del Mar*) nos transporta a un mundo mítico, pero sin mitología, es decir, sin tritones, nereidas o sirenas[242]. Es un canto al mar cosmogónico y un simbolismo de las etapas de la vida del hombre. Está dividido en dos series de cuatro cuadros cada una, número simbólico. La primera, "Las Horas" (1912-1918), se compone de:

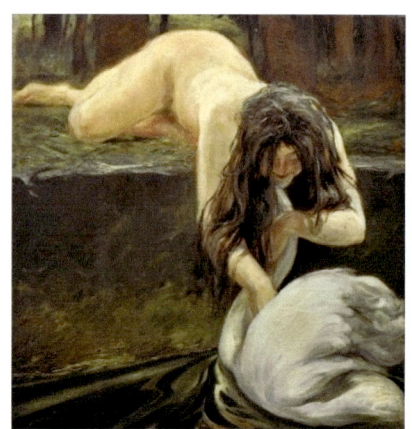

Fig. 162. *Adagio*

El Amanecer, El Mediodía, La Tarde, La Noche. La segunda serie, "Los Aspectos de la mar" (1921-1923), se puede entender como una representación de estados anímicos: *Bajamar, Pleamar, Mar en borrasca* y *Mar en reposo*. De la sala 4, dedicada a los retratos, destacamos el cuadro —depositado hoy en la Fundación Guanarteme— *El niño arquero* (1912-1913, 126x126 cm), que es una alegoría de Cupido, identificado no por sus atributos clásicos (carcaj y flechas) sino por otros símbolos: alas rojas, corona de rosas (emblema de los places) y capa roja; está colocando una caracola en el oído de una adolescente, que permanece sentada sobre una tortuga, símbolo de castidad, que explica que el primer título que recibió esta obra antes de su exposición en Madrid en 1914 fuera *El Amor y la Castidad*; en esta misma sala se halla el marco de un espejo diseñado por Néstor para su cuadro *Venus de la rosa*, del que se desprendió por necesidades económicas cuando trasladó su estudio a París.

En la escalera, en hornacinas, encontramos las esculturas greco-romanas que el pintor poseía en su estudio de Madrid y que adquirió probablemente en la década de los años veinte: un torso masculino hasta las rodillas de estilo praxiteliano y dos cabezas romanas de diferentes épocas (piezas inauditas en un museo canario). En el intercolumnio de la escalera se halla el *Sátiro del Valle de las Hespérides* [fig. 160], realizado y fechado en París en 1930, una versión diferente de la que le sirvió para ilustrar[243] la revista *Esfera* (1922-1923), que se conserva en la Fundación César Manrique de Arrecife (Lanzarote); en colecciones particulares de Madrid y de Las Palmas se conservan otras versiones; a los sátiros el pintor les transfiere el narcisismo homosexual modernista.

Las salas 6 y 7 están dedicadas a sus trabajos de escenografía, como los referidos al Teatro Pérez Galdós: un dibujo de *Apolo y las Musas* (el dios con la lira en el centro, flanqueado, a la derecha, por Melpómene, musa de la tragedia, y, a la izquierda, por Talía, musa de la comedia). La sala 9[244] contiene, dentro del inconcluso *Poema de los Elementos*[245], el *Poema de la Tierra* (1931), también inconcluso, y sus bocetos. Como el *Poema del Atlántico*, que era, en realidad, el elemento agua, se divide en dos series: "Las Horas" y "Las Estaciones". Los temas fundamentales, extraños a la mitología clásica, son las plantas de las Islas Canarias como símbolo de la fertilidad de la tierra y la pareja humana como ser superior del cosmos, presentada en posturas de gran erotismo. Igualmente encierra un significado simbólico: las edades del hombre sobre la tierra y las situaciones anímicas del amor. La primera serie se compone de *El Orto* (cardón/niñez), *El Mediodía* (drago/juventud), *El Ocaso o Véspero* (higuera del Himalaya/madurez) y *La Noche* (capas de la reina/placidez) [fig. 164]. La segunda serie, de *Primavera* (la pareja se entrega a su impulso erótico) [fig. 163], *Verano* (la pareja se refugia bajo el filodendro), *Otoño* (como fondo, parece haber una palmera) e *Invierno* (inacabado). La guerra civil y su temprana muerte dejaron inconclusos este poema y el de los dos elementos restantes (Fuego, Aire), de los que desconocemos el número exacto de cuadros previstos.

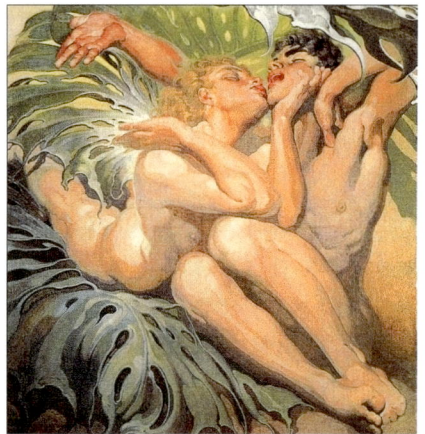

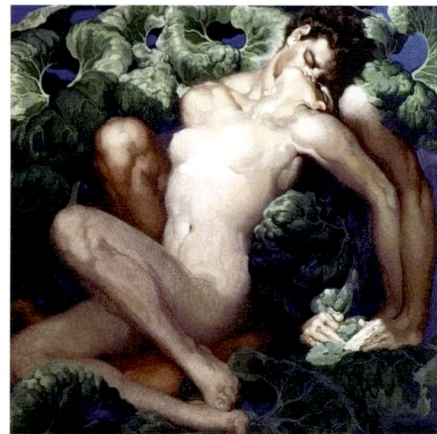

Fig. 163. *Primavera* (Poema de la Tierra)

Fig. 164. *La Noche* (Poema de la Tierra)

De la **Casa-Museo de Pérez Galdós** destacamos algunos dibujos del propio escritor, como los que realizó, en plan satírico, para oponerse al teatro que se estaba construyendo en Las Palmas en una zona demasiado próxima al litoral marino (lo llama el "teatro acuático"), que paradójicamente en 1901 cambió su nombre de Tirso de Molina por el de Pérez Galdós. En uno de estos dibujos aparece Neptuno sentado en lo que parece ser una butaca de un teatro con el tridente en una mano mirando a través de unos anteojos [fig. 165]. Señalamos también el *exlibris* [fig. 166] que crea para sí mismo en 1897: un dibujo circular protagonizado por una esfinge apoyada en una bola del mundo y por tres términos latinos: *ARS* ("arte"), *NATURA* ("naturaleza") y *VERITAS* ("verdad"), junto al año "1897".

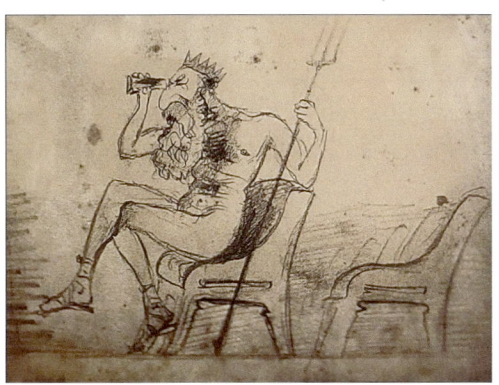

Fig. 165. Dibujo satírico de Neptuno

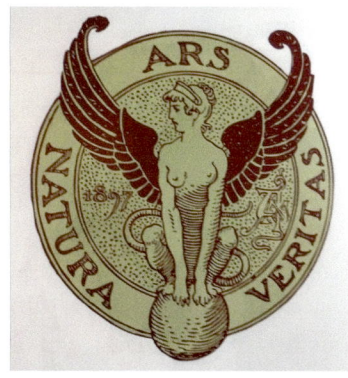

Fig. 166. *Exlibris* de Pérez Galdós

La **Casa de Colón** de Las Palmas, ya vista en el apartado de escultura, alberga una amplia colección de pinturas, expuesta en la segunda planta. De tema mitológico señalamos *Cupido tallando un arco* [fig. 167], réplica de Parmigianino de autor desconocido (óleo sobre lienzo, 126x65 cm), escuela italiana, primera mitad del siglo XVI. Depósito del Museo del Prado, donde actualmente se encuentra ubicado, es *Venus y un sátiro* (1587-1588, 33,6 x44,8 cm) de Annibale Carracci; el sátiro le está ofreciendo a la diosa una copa de vino.

El **Centro Atlántico de Arte Moderno** (CAAM) de Las Palmas de Gran Canaria, fundado en 1989, sorprende por la temática clásica de parte de su fondo[246]. De Juan Ismael (Fuerteventura 1907-Las Palmas 1981),

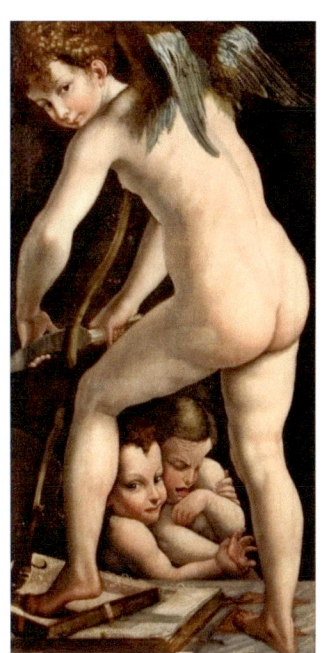

Fig. 167. *Cupido tallado su arco*, copia de Parmigianino

pintor surrealista, seleccionamos *Marina clásica* (1973, óleo sobre tela) [fig. 168]: una sirena, de rosa, apoyada en la arena de la playa, mira hacia el cielo, en el que se muestra un arco de triunfo de un solo vano y una obra sin título (1939, óleo sobre tela): un busto de mujer con edificios de arcos y columnas en ruina, que nos recuerda a De Chirico. De Roberto González Fernández (Lugo 1949), sus lienzos de temática homoerótica, en los que la columna dórica que sujetan los personajes es un símbolo fálico, como en *Eva* (2000) y *Adán* (2000). De José Martín (La Palma 1922-1976), de tendencia entre naif y simbólico-surrealista, *Tifón*[247] (ca. 1978-1979, óleo sobre tela) [fig. 169]: a modo de Leda y el cisne, un monstruo marino —especie de tiburón con alas— está copulando con una joven sentada en un trono en medio de un mar embravecido. De Domingo Vega (Tenerife 1953), un óleo sin título que nos recuerda la escena de Baco descubriendo a Ariadna dormida en la isla de Naxos. De Óscar Domínguez (San Cristóbal de La Laguna 1906-París 1957), pintor surrealista, *Minotauro* [fig. 170], realizado en París en su etapa picassiana (1944-1946), aunque el óleo no tiene fecha; con la misma temática pintó otros cuadros más, aunque, a diferencia de Picasso, sus minotauros son más cómicos que dramáticos; aquí aparece en el centro del laberinto con forma completa de toro, a excepción de un largo brazo. De Plácido Fleitas, un *Desnudo* (1947-1948, madera), que nos recuerda a su *Venus negra* del Museo de Bellas Artes de Santa Cruz de Tenerife.

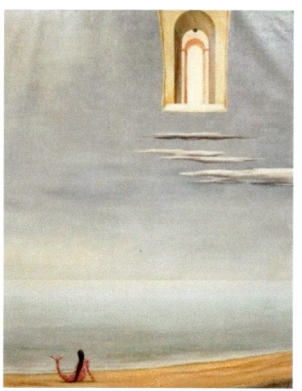

Fig. 168. *Marina clásica*, Juan Ismael

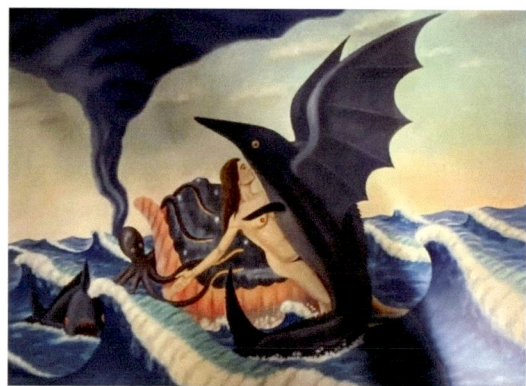

Fig. 169. *Tifón*, José Martín, CAAM

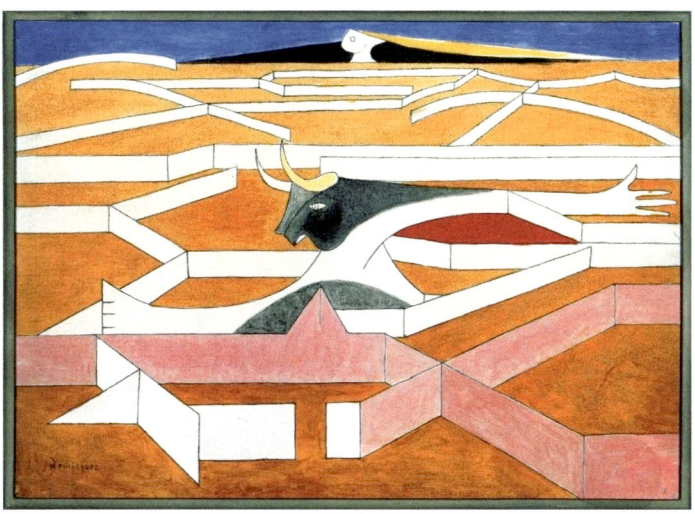

Fig. 170. *Minotauro*, Óscar Domínguez, CAAM

El **Centro de Artes Plásticas** de Las Palmas organiza cada año exposiciones e instalaciones, que integran el proyecto "Itineraria", que pretende acercar las artes plásticas a los 21 municipios de Gran Canaria. Destacamos algunas exposiciones relacionadas con el mundo clásico, como la de Alejandro Reino (Las Palmas, 1935-2018), conocido sobre todo por sus retratos, realizada en 2015 con el título de *Desnudos*. Son bocetos de tinta sobre papel (50x70 cm) que tratan dos temáticas: 1) el desnudo femenino [fig. 171], un tema de larga tradición en la pintura, que contiene gran sensualidad; 2) el desnudo masculino, dentro de la serie "Deportes" [fig. 172], que nos retrotrae a la antigüedad clásica, aunque también incluye deportes modernos.

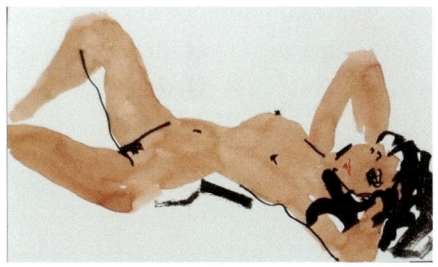

Fig. 171. *Desnudo femenino*, Alejandro Reno

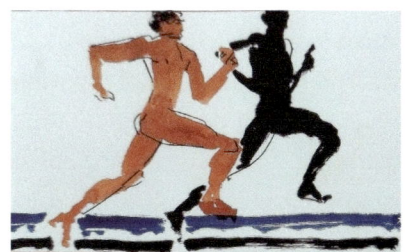

Fig. 172. *Deporte*, Alejandro Reino

La exposición de 2016 *Liberación del deseo* de Paco Juan Déniz (Gran Canaria, 1956), compuesta de 28 obras producidas entre 1992 y 2016, nos acercan al estilo surrealista, propio del pintor. Algunos símbolos proceden del mundo clásico o renacentista, como un casco griego [fig. 173] o la figura de un Atlas arrepentido [figs. 174].

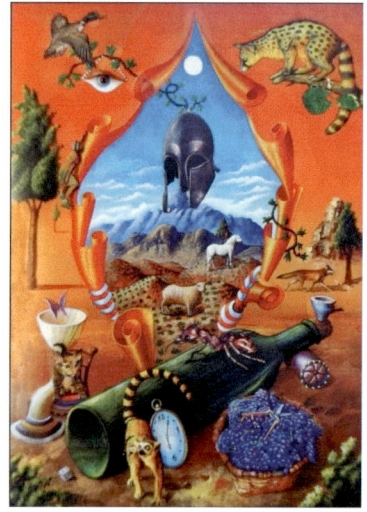

Fig. 173. *Casco griego*, Paco Juan Déniz

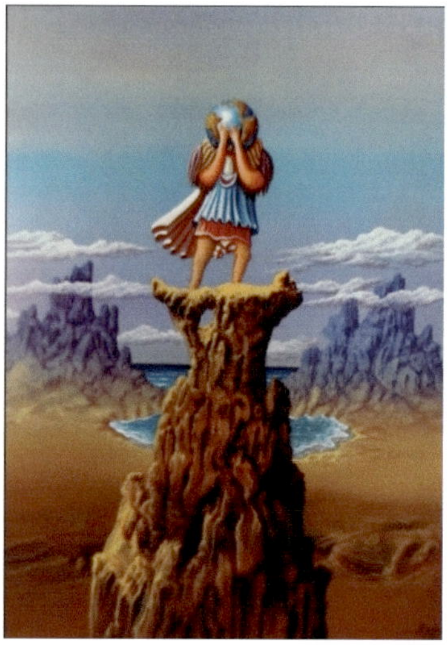

Fig. 174. *Atlas*, Paco Juan Déniz

En la convocatoria de 2019[248] obtuvo el accésit Beatriz Pérez Martín (Madrid, 1983), con la serie "Dioses/Diosas", compuesta de diez estampas (aguafuerte sobre cinc a dos tintas, 39,5x74,5 cm) [fig. 175] que combinan la iconografía tradicional de los dioses, inspirada en grabados antiguos, con atuendos y objetos modernos: 1) *Atenea*, lleva vaquero corto, tatuajes de búho y serpiente, gafas de sol y patinete con la imagen de la Medusa; 2) *Ceres*, bragas y barra de pan en una mano; 3) *Proserpina*, un ramo de flores moderno; 4) *Tetis*, tanga y una sofisticada camisa; 5) *Leda*, cabeza de geisha y cuerpo tatuado; 6) *Saturno*, atuendo de cocinero mordiendo a un crecido niño; 7) *Júpiter*, barba y pelo largo y un manto con letras griegas estampadas; 8) *Neptuno*, bañador y remo; 9) *Plutón*, cuerpo tatuado y un cancerbero de piel moteada; 10) *Marte*, calzoncillos con la marca "game over".

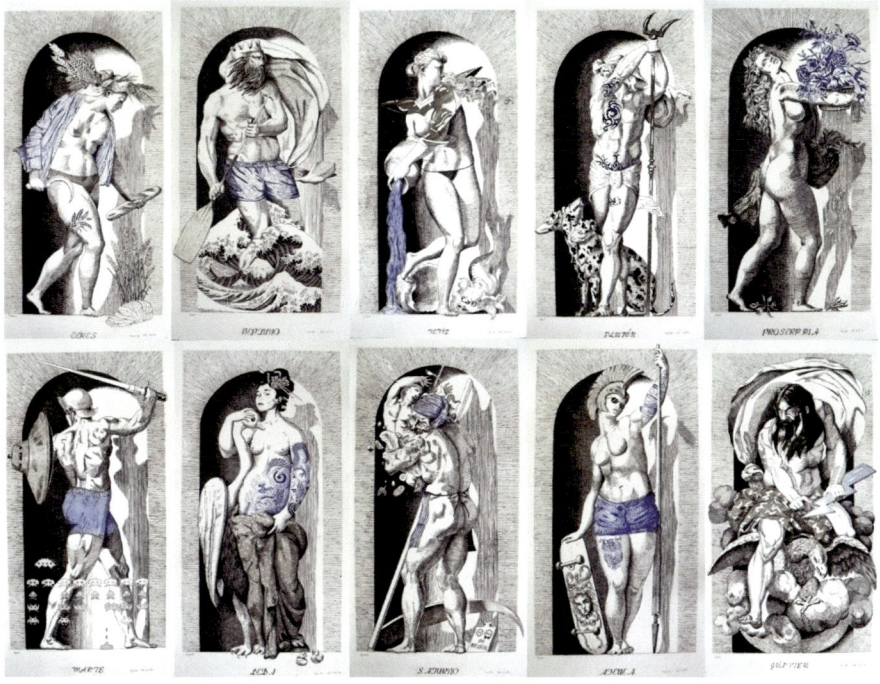

Fig. 175. Panel con la serie "Dioses/Diosas", Beatriz Pérez Martín

En 2021 tiene lugar la exposición *Purpurae uti materia* de Juan Marqués[249] (Palma de Mallorca, 1948), pintor afincado en Las Palmas desde 1964. En esta muestra presenta una peculiar y amplia visión de la historia de Canarias, desde el siglo I a.C. con el rey *Juba II*[250] y el comercio de la púrpura[251] hasta los siglos XIX y XX, pasando por personajes tan significativos como Beatriz de Bobadilla o Doramas, como se puede ver en el cuadro (2018) [fig. 176] colgado a la entrada de la Biblioteca de la Casa de Colón, en el que además aparece, en primer término, un Atlas sujetando una serie de rostros de personajes, y una pareja de cupidos abrazados.

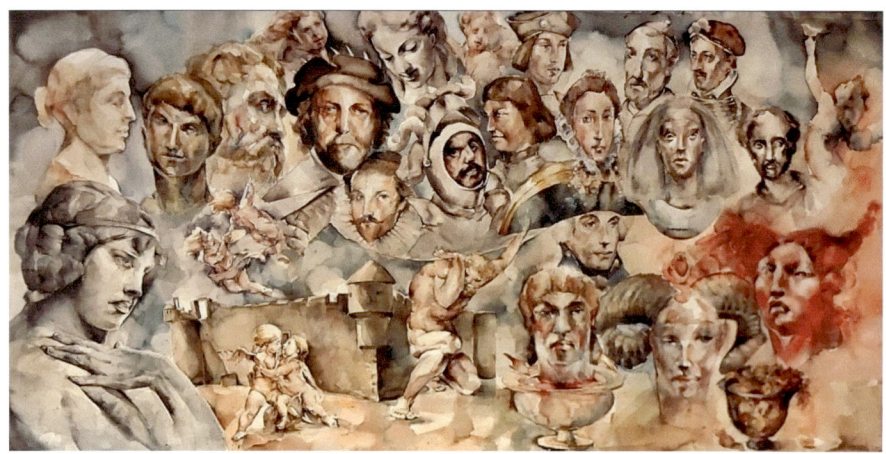

Fig. 176. *Sinopsis de la historia de Canarias*, Juan Marqués (2018)

La **Casa Museo Antonio Padrón** en Gáldar (Gran Canaria), formada por dos edificios y un amplio jardín, alberga la obra del pintor que le da nombre a la casa museo, nacido en Gáldar en 1920. Tras formarse en la Escuela de Bellas Artes de San Fernando (Madrid), regresa a su ciudad natal, en 1951, donde se dedica exclusivamente a pintura y a exponer su obra, hasta su prematura muerte en 1969. Su pintura se ha inscrito en el expresionismo dramático, aunque también cultivó los temas indigenistas. Seleccionamos un cuadro ubicado en la sala que reproduce su estudio, que no tiene título y representa un paisaje en ruinas en el que incluye algunos símbolos clásicos, como dos columnas semiderruidas y la estatua de la Venus de Milo tirada en el suelo y partida en trozos. El Museo alberga también algunas esculturas de Plácido Fleitas y obras de otros pintores, como las acuarelas de José Dámaso Trujillo sobre personajes famosos aborígenes de las diferentes islas, que tuvieron que hacer frente unos a Juan de Bethencourt y otros, a los conquistadores castellanos: *Tanausú, Tinguaro, Doramas, Atchen, Hautacuperche, Armiche* y *Guize*; a esta serie la llamó "Héroes del Atlántico" (acrílico, 2013).

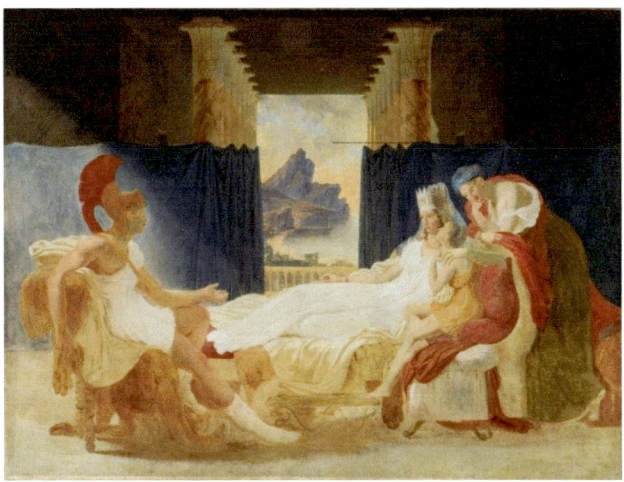

Fig. 177. *Dido y Eneas*, boceto de Guerin

Respecto a la isla de Tenerife, vamos a estudiar dos museos y el **Ayuntamiento de La Orotava**. El salón de plenos de este último contiene dos cuadros interesantes, que el Museo del Prado entregó en depósito en 1812[252]. Uno, *Eneas narrando a Dido las desgracias de Troya* (ca. 1815, óleo sobre lienzo 147x195 cm) es un boceto [fig. 177], de gran tamaño, de la homónima obra que de Pierre Guerin (París 1774-Roma 1833) se conserva en el Museo del Louvre (inv. 5184). Se representa el momento en que el héroe troyano Eneas, que acaba de llegar a Cartago, es invitado a un banquete por la reina Dido, en el que le cuenta sus aventuras; la diosa aparece reclinada acompañada de una figura femenina y de un niño, el dios Cupido —bajo el aspecto de Ascanio, hijo de Eneas—, que infunde en Dido un profundo amor hacia Eneas, que al final la abandona para cumplir su objetivo de fundar Roma (el mar del fondo y la ensenada sugieren esta idea), provocando el suicidio de la reina. La escena se desarrolla en un entorno cerrado entre grandes columnas de estilo egipcio, medio ocultas por cortinajes azules. El otro cuadro es una copia del *Esopo* de Velázquez del Museo del Prado, realizada por Jesús Mª Perdigón (La Orotava 1888-1970); representa al fabulista griego mirando directamente al espectador con un libro en su mano derecha y vestido de forma muy austera, con un sayo marrón, en consonancia con sus ideas.

El **Museo de Bellas Artes de Santa Cruz de Tenerife**[253] destaca nuevamente, pero en este caso por las pinturas. En la planta primera planta loca-
lizamos en el rellano de la escalera un cuadro de grandes dimensiones,
Fulvia y Marco Antonio o *La venganza de Fulvia*[254] (1888, óleo sobre lienzo,
340x550 cm, depósito del Museo del Prado) [fig. 178] de Francisco Maura
y Montaner[255] (Palma de Mallorca 1857-Irún 1931); *Ruinas de Pompeya* o
Vía Apia (ca. 1905-1907, ólco sobre lienzo, 100x124 cm) [fig. 180] de Juan
Botas y Ghirlanda[256] (Santa Cruz de Tenerife 1882-1917); *Orfeo y los animales* (óleo sobre cobre, depósito del Museo del Prado) [fig. 179] de Jean
Brueghel de Velours[257] (Bruselas 1568-Amberes 1625). Mencionamos también
la obra de Pedro de Guezala, cuyos desnudos[258] —las posturas y el color
están muy conseguidos—, como los de *El baño*[259] (1951, 124x129 cm) [fig.
182], *Composición cuatro desnudos* (óleo sobre lienzo, 120x126,5 cm, sin concluir) o *Bañistas*[260] (1955) [fig. 181] nos recuerdan las distintas versiones que
sobre Diana y sus ninfas en el baño se han realizado en la pintura desde el
Renacimiento en adelante[261].

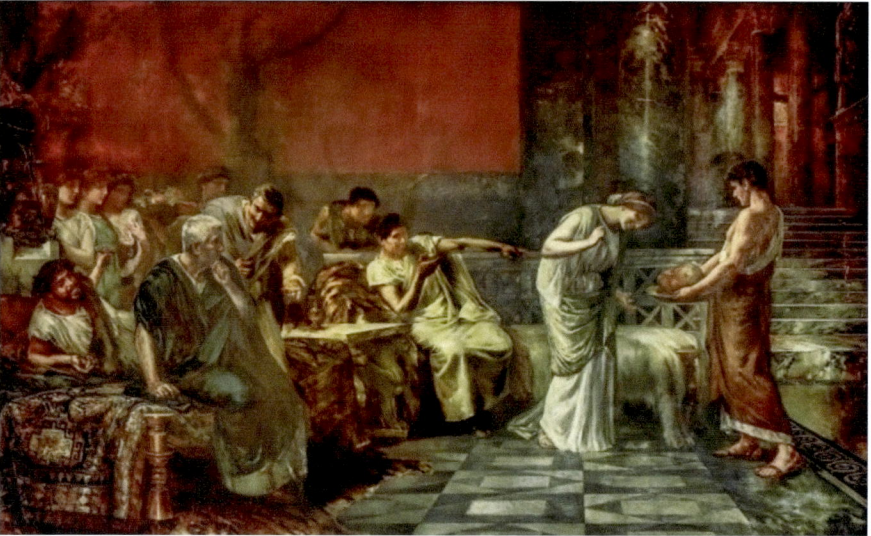

Fig. 178. *La venganza de Fulvia*, Francisco Maura

A Guezala le atrae también la figura de la maga[262], a la que dedicó numerosas pinturas, como esta que vemos en este mismo museo: *Maga desnuda*

con pañuelo (óleo, 100x100 cm), que muestra un contraste entre su rostro de campesina morena, enmarcado por un sobrio pañuelo negro, y su esplendoroso y maduro cuerpo blanco, que en las composiciones de esta temática suele estar cubierto.

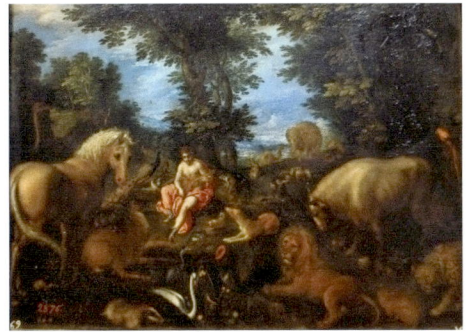

Fig. 179. *Orfeo y los animales*, Brueghel de Velours

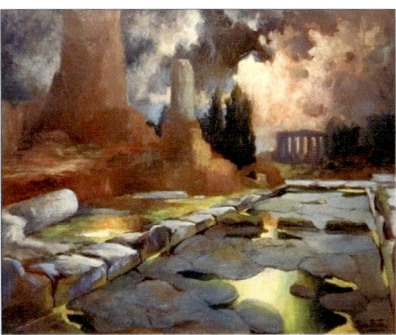

Fig. 180. *Ruinas de Pompeya*, Juan Botas

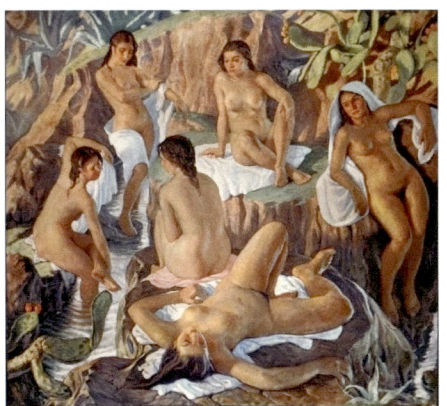

Fig. 181. *Bañistas*, Pedro de Guezala

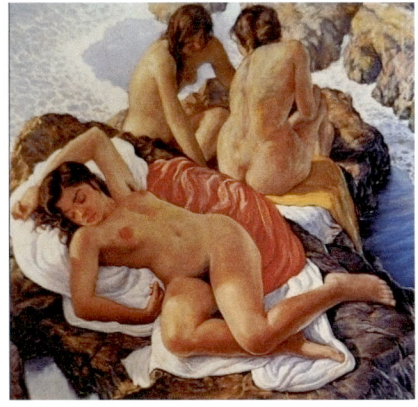

Fig. 182. *El baño*, Pedro de Guezala

Del **Museo de Arte Contemporáneo Eduardo Westerdahl** (MACEW) de Puerto de la Cruz (Tenerife) seleccionamos el cuadro titulado *Figuras* (1935, óleo/tablex, 68x53,5 cm) [fig. 183] de Karl Drerup (Borghorst, Alemania 1904-New Hampshire, Estados Unidos 2000) porque nos parece inspirado en la serie de pinturas que Giorgio De Chirico[263] (Volos, Grecia 1888-

Roma 1978) realizó sobre caballos y personajes mitológicos en paisajes marinos, especialmente las protagonizadas por los gemelos Cástor y Pólux, los llamados Dióscuros[264] [fig. 184]. Sabemos que Drerup estudió en Florencia de 1930 a 1933 (de 1934 a 1937 fijó su residencia en el Puerto de la Cruz, antes de partir a Estados Unidos) y que De Chirico se estableció en Italia en 1932. Es posible que ambos artistas se conocieran en esa etapa o que Drerup contemplara las obras en cuestión sobre esta temática que De Chirico comienza a pintar sobre esos años y que pudieron servir de inspiración a la obra de este museo, *Figuras*, cuyo escueto título poco aclara al respecto.

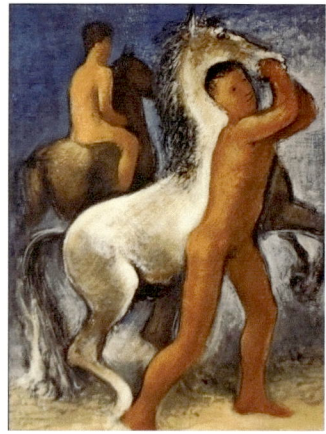

Fig. 183. *Figuras*, Karl Drerup

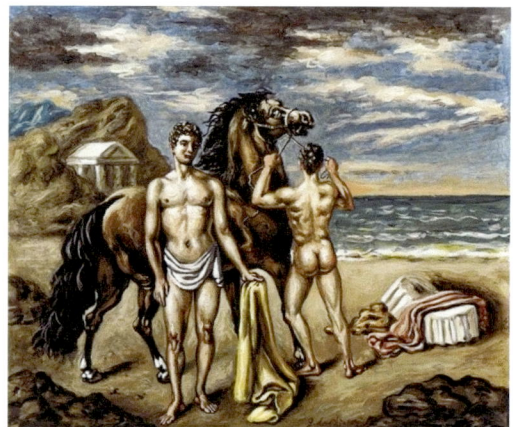

Fig. 184. *Los Dióscuros*,
Giorgio de Chirico

Notas

150 Cf. Torres Edwards 1942; Alloza Moreno 1981; Castro Borrego 1982 y 1987; Rodríguez González 1986; Rodríguez González-Hernández Socorro 1991; Hernández Socorro 1997, 1998 y 2001; VV. AA. 1998; VV. AA. 2000; Fraga González 2001; Calero Ruiz-Castro Brunetto-González Chaves 2008; VV. AA. 2008; Hernández Socorro-Fuentes Pérez-Gaviño de Franchi 2009.

151 Cf. Santana Rodríguez 2005

152 Cf. Casas Alonso 1999; Díaz Frías 1999.

153 Cf. Díaz Frías 1999: 214.

154 Cf. Hernández González 2003: 335-336.

155 Agradezco al concejal de Igualdad y Patrimonio Juan Desiderio Afonso Ruiz haberme facilitado la visita al Convento.

156 Históricamente se creía que el Alfeo continuaba su curso por debajo del mar y salía por Ortigia en (Sicilia), pues los objetos que se lanzaban en Grecia aparecían en esta isla. Según otra versión, la joven fue transformada en río por la diosa. Cf. Navarrete Orcera 2005: 245.

157 Cf. Pérez Morera & Rodríguez Morales 2008: 271-272.

158 Cf. Rodríguez González 1986; Carlos Javier Castro Brunetto, "Pintura", en Calero Ruiz-Castro Brunetto-González Chaves 2008: 155-240.

159 Conocido como el "Quevedo de Canarias" por el tono satírico de su poesía, dominaba el francés a la perfección y traducía el latín y el italiano. Fue un personaje peculiar, protagonista de muchas anécdotas y aventuras. Su estancia en Icod de los Vinos se destacó por sus lances amorosos. Por problemas con la Inquisición tuvo que huir durante un tiempo a tierras portuguesas. Cf. Hernández González 1989; La Enciclopedia de La Literatura Canaria 2007: 81-82.

160 Cf. Millares Torres 1977-1978; Concepción Rodríguez 1995: 89.

161 Carlos Javier Castro Brunetto, "Pintura", en Calero Ruiz-Castro Brunetto-González Chaves 2008: 200.

162 Dibujo contenido en el libro de Leoncio Rodríguez, *Lances y aventuras del vizconde del Buen Paso* (Santa Cruz de Tenerife, 1947), que es una novela adaptada a la escena.

163 Cf. Concepción Rodríguez 1995: 138-143.

164 Cf. Rodríguez González 1986: 117; Tavio de León 1991; Suárez Navarro 1992: 463-472; Carlos Javier Castro Brunetto, "Pintura", en Calero Ruiz-Castro Brunetto-González Chaves 2008: 208-209.

165 Tomadas del Oficio Divino del Triduo Sacro de la Semana Santa, de las misas del Viernes de Pasión, de la fiesta de los Dolores del 15 de septiembre y de la fiesta principal de la Inmaculada del 8 de diciembre.

166 Por LAETITIA.

167 La temática histórica se centra mayormente en el hecho de la conquista.

168 Por error aparece identificada en algunos libros como Muerte de Tito Livio.

169 Su etapa más fructífera se encuadra en el último cuarto del siglo XVIII. Este cuadro lo pinta poco antes de morir, en Santa Cruz de Tenerife, cuando tenía 81 años. Durante un tiempo residió en distintas ciudades de la Península. Para este cuadro, cf. VV. AA. 1998: 69-70; Cobiella Hernández 2011: 303. En general, cf. Rodríguez González 1986: 294-369; Rodríguez González 1990; Rodríguez González 1994; Sola Antequera-Calero Ruiz 2002; Castro Brunetto 2008; Carlos Javier Castro Brunetto, "Pintura", en Calero Ruiz-Castro Brunetto-González Chaves 2008: 217-227.

170 Cf. Cobiella Hernández 2011.

171 Cf. Alonso 1945: 449.

172 Cf. Castro Borrego 1987: 64; VV. AA. 1998: 69-70.

173 Cf. Navarrete Orcera 2017: 542-548.

174 Cf. VV. AA. 1998: 86.

175 Se hicieron tres copias más: dos en colecciones particulares de La Orotava y una en Málaga. Cf. Hernández Socorro 2001: I, 62-72.

176 Cf. Alloza Moreno 1981: 41 y 147; Castro Borrego 1982: 188.

177 Cf. Alloza Moreno 1981: 29; VV. AA. 1998: 84.

178 Cf. Hernández Socorro 2005.

179 Cf. Navarrete Orcera 2005: 197.

180 Se inicia como pintor con Francisco Bonnín. A comienzos de los años veinte marcha a Madrid, donde se matricula en la Escuela Superior de Bellas Artes. De vuelta a Tenerife ingresa en la Escuela de Artes y Oficios Artísticos de Santa Cruz, de la que luego, en 1948, sería profesor de Dibujo del Natural, formando a la siguiente generación de pintores canarios. Recientemente, en 2017, se ha realizado una exposición antológica de su obra, "Pedro Guezala. Nuevo Encuentro", en la Fundación Cristino de Vera-Espacio Cultural CajaCanarias de San Cristóbal de La Laguna.

181 Cf. Arias de Cossío 1993.

182 Cf. Crespo de las Casas 1982; Abad 1991.

183 Cf. Hernández Gutiérrez-González Chaves 2009: 196-201.

184 Cf. VV. AA. 2005; VV. AA. 2011: 210.

185 Agradezco a Víctor Gutiérrez Pajarón sus explicaciones histórico-artísticas durante mi visita.

186 Cf. Alloza Moreno 1981: 41.

187 Cf. Navarrete Orcera 2005: 188-198.

188   Agradezco al teniente coronel Salamanca el permiso para la visita y al suboficial Viguera sus explicaciones durante la visita.

189 En este punto nos parece interesante añadir que fue un giennense, D. Luis de la Cueva y Benavides, el primer capitán general de las Islas Canarias, nombrado por Felipe II en 1589 para atajar los incesantes ataques extranjeros —sobre todo, ingleses—, de que eran objeto las islas. Cf. Troyano Viedma 2013.

190 Cf. Gallardo Peña 1992: 117-119.

191 Fue uno de los artistas más comprometidos del siglo XIX, ocupando diversos cargos políticos. Participó en la decoración del Teatro Principal de Sevilla y en el Teatro Real de Madrid. Cf. Díaz Pérez 1982; Fraga González 1993.

192 Una tercera identificación podría ser la de la ninfa marina Galatea.

193 El testimonio más antiguo es la Historia Natural (VI 32) del escritor romano Plinio el Viejo, donde se narran las expediciones de exploración mandadas por el rey Juba II de Mauritania a estas islas, unas de las cuales recibía el nombre de Canaria por la abundancia de perros de gran talla existentes en ella. En la misma obra (V 1) Plinio afirma que el general romano Cayo Suetonio Paulino encontró en su travesía de la cordillera del Atlas unos bosques habitados por los "canarios", que compartían su comida con los perros. Según otras teorías, el nombre de las islas procedería de la tribu bereber de los canarii.

194 Como novedad, se han añadido una cinta de plata con el lema "Océano", en la parte superior, y dos perros soportando el escudo. En una primera versión los perros tenían un collar, que se suprimió en la reforma del Estatuto de Autonomía de 2005 por considerar algunos que este era un signo de sumisión a la Corona de Castilla, aunque los expertos en heráldica afirman que todos los perros llevan collar a excepción de los galgos. Un segundo debate fue si era apropiada la presencia de los perros al no estar clara la etimología de la palabra "Canarias"; de hecho, en los últimos años en muchos documentos oficiales y edificios públicos aparece el escudo sin los canes.

195 En este caso está invertida. Se piensa que fue una pequeña maldad del pintor, de ideas republicanas, contra la monarquía.

196 El escudo actual de la Comunidad de Castilla y León, aprobado en 1983, es cuartelado en cruz: el primer y cuarto cuartel contienen sobre campo de gules un castillo de oro almenado; el segundo y el tercer cuartel, un león rampante de púrpura coronado de oro sobre campo de plata.

197 El escudo actual de la isla de Gran Canaria, aprobado en 1990, es muy similar, sólo que en la bordura hay cinco pares de espadas de plata, que representarían las batallan que tuvieron que librar los castellanos para conquistar la isla.

198 Es el que más ha cambiado de todos los escudos (1998). Es medio partido y cortado. Los dos primeros cuarteles representan a Castilla y León, como signo de vinculación con la Corona. En el primer cuartel, de gules, hay un castillo de oro; en el segundo, de plata, un león de gules coronado; y en el tercero, de plata, tras fajas ajedrezadas de gules y oro, que son las armas del linaje Saavedra, algunos de cuyos miembros fueron Señores de Fuerteventura. La bordura de gules está cargada de ocho aspas de oro. Al timbre, corona real, en lugar de la condal que presenta el escudo del fresco.

199 Se refiere al árbol santo o Garoé, cuyas hojas recogían la humedad ambiental y la destilaban en forma lluvia, proporcionado agua a los aborígenes de El Hierro. Este árbol legendario aparece ya en las crónicas francesas de la conquista de Canarias. Cf. Pico 1999: 22-28.

200 En el escudo actual (1987) el árbol está coronado de nubes de plata. Mantiene en el timbre la corona condal.

201 El escudo actual (1964) presenta dos calderos de oro en campo de gules; y en la bordura de gules doce calderos de oro, como el de La Gomera. Al timbre, corona marquesal, en lugar de la condal del fresco.

202 El escudo actual (1999) prácticamente no ha variado. Mantiene en el timbre la corona condal.

203 En el escudo actual (1975) la palmera se ha situado a la derecha y en la bordura de oro se han añadido cinco violetas de una especie endémica de la isla, para distinguir este escudo del de de la capital, Santa Cruz de La Palma, que en lo demás es semejante, aparte de la adición bajo la punta de una cinta de plata con el lema "Senatus Populusque Palmensis" en letras de oro, inspirado en la antigua Roma.

204 Especie de castañuelas, propias de las Islas Canarias.

205 El escudo actual (1912) tiene bordura de gules con la leyenda THENERIFE ME FECIT. CABILDO INSULAR DE TENERIFE en letras de oro. El escudo en un principio representaba a La Laguna, que fue la capital de la isla tras la conquista. Para diferenciarse, el Cabildo Insular de Tenerife añadió dos ramas de palma bajo la punta.

206 Cf. Exposición *Hespérides. El interior del Jardín*, Salas de La Regenta, Las Palmas, 2001.

207 Santa Cruz de Tenerife consiguió la independencia administrativa de La Laguna, obteniendo además el título de Villa y el de Muy Noble e Invicta. En el siglo siguiente logró otros títulos: el de ciudad en 1859 y el de muy Benéfica en 1894.

208 Representan las tres victorias conseguidas contra los ataques ingleses: Blake (30 de abril de 1657), Jennings (6 de noviembre de 1706) y Nelson (25 de julio de 1797, siendo esta última la atravesada por la cruz.

209 En el escudo actual una cruz latina de sinople (verde) se apoya en la cruz de Santiago de gules (rojo). Esta nueva cruz alude al nombre de la ciudad que le pusieron los conquistadores castellanos (dirigidos por D. Alonso Fernández de Lugo) por haber celebrado su primera misa el 3 de mayo de 1494, el día de la Santa Cruz y el día de su desembarco en la isla, tras haber conquistado un año antes (1493) la isla de La Palma. El escudo se acompaña de dos ramas de laurel, afrutadas de gules, de las que pende la Cruz de Primera Clase de la Orden de Beneficencia, concedida a la población de Santa Cruz de Tenerife en 1893 por la reina regente María Cristina por el comportamiento ejemplar de los habitantes de la ciudad durante la epidemia de cólera sufrida en ese año de 1893.

210 Representan las fortalezas de San Cristóbal, San Juan y Paso Alto, puntos defensivos de la isla. Las anclas aludirían a la importancia de la isla.

211 Agradezco a Victoria Fariña las facilidades que me prestó para mi visita.

212 A la muerte de Manuel de Oraá obtiene la plaza de arquitecto municipal de la ciudad en 1889. Cf. VV. AA. 1998: 228-229.

213 Cf. Martín Rodríguez 1982.

214 Considerado el pintor canario más completo del siglo XIX, el alcance de su figura es internacional. Tras estudiar en La Laguna y en Santa Cruz de Tenerife, completó su formación en París, donde se matricula en 1870 en la Escuela de Artes Decorativas de París; allí conoció a su maestro Jean-Léon Gérôme (conocido por sus pinturas de tema griego), al que acompañó en un viaje por Italia; le gustó más el neoclasicismo que la pintura impresionista del momento. En París pintó una *Venus del siglo XIX*; era un admirador de la literatura griega. Cuando vuelve a España, camino de Canarias, recorre la península durante algunos meses entre 1875 y 1876, siempre tomando apuntes y examinando a fondo el Museo del Prado. Volverá a París, donde hará varias exposiciones y obtendrá algunos premios, y a la península, en varias ocasiones.

Desde 1904 se instala de forma permanente en Santa Cruz de Tenerife, donde es nombrado profesor de modelado y composición decorativa en la Escuela Municipal de Artes y Oficios. En 1909 viaja de nuevo a Italia y París, pero su precario estado de salud le hace regresar pronto a casa, muriendo solo —en una pensión— en Barcelona ese mismo año a causa de una pulmonía (contaba con 66 años de edad), siendo enterrado en la fosa común del cementerio municipal de esta ciudad. Fue un artista muy prolífico, que se dedicó también a la escultura y a la música. Su pintura ha sido calificada de elegante, detallista y luminosa. Cf. Alloza Moreno 1991.

215 No muy transparente. El candidato más preparado, González Méndez, fue rechazado por el precio que exigió por cada luneto, 500 pesetas en lugar de las 250 que ofrecía la comisión. Al concurso también se presentaron los pintores Federico Valido, Ángel Romero y el catalán Mateo Balasch.

216 No sabemos si éste era el orden propuesto por el pintor, pues los conceptos se mezclan, a excepción del grupo unitario de las cinco alegorías de las Bellas Artes en el lado izquierdo. Parece una especie de recetario aplicado a Santa Cruz de Tenerife por la clase que detenta el poder (Martín Rodríguez 1982: 549).

217 Cf. Alloza Moreno 1991: 90.

218 Cf. Alloza Moreno 1991: 103.

219 Cf. Darías Príncipe 1986; Alloza Moreno 1991: 63-65.

220 Cf. Arias de Cossío 1993; Jáudenes Ruiz de Atauri 1999; La obra de Mariano de Cossío… 2007: 56-62.

221 Cf. Fraga González 1998.

222 Estuvo desterrado en Fuerteventura, durante cuatro meses del año 1924, por su oposición a la dictadura de Primo de Rivera (Navarro Artiles 1980; Nuez Caballero 1999 y 2010). Antes había visitado Tenerife en 1909. Es curiosa la interpretación que hace del paisaje canario el escritor vasco ("Alrededor del estilo", en *Obras completas. Por tierras de Portugal y España*, t. VII, Madrid, Imp. Renacimiento, 1930, 904). Decía que las montañas de la isla son olas petrificadas y establecía una analogía entre la barriga de las mujeres preñadas con la cresta o cima de una ola, bien razonada etimológicamente, pues "ola", que en griego se dice *kyma*, procede del verbo *kyo*, que significa "estar encinta". De hecho, en el imaginario colectivo canario el mar tiene una significación femenina. En los escritores surrealistas la lava —de terrible actualidad por el volcán de La Palma— es una metáfora del deseo, pero ése es otro tema.

223 Este salón a lo largo de su existencia ha sido denominado con diferentes nombres: Salón de Oriente, Salón de Fiestas, Salón de Baile, Gran Salón.

224 Sociedad fundada a mitad del siglo XIX, que tuvo su primera sede en el Teatro Cairasco. El edificio actual, de finales del siglo XIX, fue teatro antes de convertirse en un casino "a la moderna" y tuvo gran importancia en la vida cultural de Las Palmas. La directiva de la sociedad rechazó el proyecto que presenta el pintor Néstor Martín Fernández de la Torre. Cf. Aranda Mendíaz 1984 y 1994; Alemán Hernández 2008: 280-282; Herrera Piqué 2016: 322-334.

225 El pintor moriría antes de verlos colocados en el techo. Por ellos se le pagaron 25.000 pesetas. En el archivo de la sociedad se conservan las comunicaciones que mantuvieron el pintor y la institución, y los bocetos originales a lápiz.

226 Agradezco a Isabel Rojo y a Carlos J. Medina García las facilidades para visitarlo y el permiso para publicar las fotos.

227 Cf. Herrera Piqué 2016: 353-354. Agradezco a Manuel Martínez-Fresno, uno de los directivos del hotel, su permiso para la visita.

228 Becado por el Ayuntamiento de Las Palmas en 1901, estudia en la Escuela de Bellas Artes de Madrid. En 1906 visita Londres (sentía devoción por los prerrafaelistas ingleses). Entre 1907 y 1914 reside en Barcelona; y entre 1929 y 1934, en París. Cuando se instala definitivamente en Gran Canaria (1934) se le despierta un súbito interés por el estudio de la isla. Decía: "Dentro de un estilo netamente canario tenemos que revalorizar todo lo nuestro, sea moderno o tradicional". Cf. VV. AA. 1981, III, 298-299; Castro Borrego 1982: 227-232; Almeida Cabrera 1987, 1988, 1993, 1995; Alemán Hernández 1991.

229 Cf. Almeida Cabrera 1993.

230 Agradezco a Jacinto Tilman, gerente del teatro, su recibimiento y las facilidades para la visita.

231 Cf. Herrera Piqué 2016: 348.

232 Dedicado al compositor francés que da nombre a este salón, que pasó largas temporadas en Las Palmas y fue amigo del pintor.

233 Cf. Almeida Cabrera 1993: 84-91.

234 Obtuvo la 3ª medalla en la Exposición Nacional de Bellas Artes de 1892.

235 Agradezco las imágenes al director del Museo, Daniel Montesdeoca. Cf. Herrera Piqué 2016: 404-408.

236 Obtuvo un accésit en una exposición del Círculo de Bellas Artes celebrada en el Pabellón de Cristal del Parque del Retiro de Madrid.

237 Cf. Almeida Cabrera 1993: 13-15.

238 Hija de Bébrice, rey de los pueblos indígenas de la región de Narbona. Cuando Hércules pasó por allí en busca de los bueyes de Gerión, se embriagó y sedujo

a la muchacha, que dio a luz una serpiente. Asustada, Pirene huyó al monte, donde fue despedazada por las fieras. Al regresar de su expedición, Hércules encontró su cadáver y le tributó honras fúnebres, dándole su nombre, Pirineos, a las montañas cercanas.

239 Según Hesíodo, son hijas de la Noche y del Erebo y vivían más allá del Océano guardando un árbol junto con el dragón Ladón, que producía manzanas de oro (regalo concedido por Gea a Hera cuando se casó con Zeus). Más tarde se las consideró, sucesivamente, como hijas de Zeus y Temis, de Forcis y Zeto, y, finalmente, de Atlas o Atlante. Su número también difiere en las distintas fuentes: tres o siete. En la misma antigüedad se explicaban estas manzanas de oro como limones. Se ha querido localizar este jardín en el Valle de la Orotava, mayormente, o en la Selva de Doramas de Gran Canaria.

240 Los otros dos, inspirados en Canigó, son: Gentil adormecido por las caricias de Flor-denieve y Gentil llevado por las aguas encantadas.

241 Esposa del faraón egipcio Ptolomeo Evergetes (siglo III a.C.), que había realizado el voto de que, si su marido volvía vencedor de una expedición, se cortaría la cabellera, que era la admiración de todos, y la ofrecería a Venus, pero al día siguiente de cumplir su promesa, su cabellera desapareció del templo. El astrónomo Conón dijo que la misma diosa se la había llevado para convertirla en una constelación. En la pintura la joven se muestra de espaldas, desnuda, desplegando su rizada cabellera y despidiendo a su marido, que está montado a caballo.

242 Cf. Almeida Cabrera 1988: 16-21.

243 De su faceta de ilustrador destacamos también su trabajo para *Las Rosas de Hércules* de Tomás Morales (1910).

244 Cf. Almeida Cabrera 1988: 32-34.

245 Está inspirado en la masonería y ésta, a su vez, en el pensamiento presocrático de Empédocles (s. V a.C.), que pensaba que eran cuatro los principios materiales de la realidad, que están en continuo movimiento, mezclándose y rechazándose por las fuerzas del Amor y del Odio. Empédocles recogía las teorías de los cuatro elementos que habían sido propuestas ya por los también presocráticos Tales de Mileto (agua), Anaxímenes (aire), Heráclito (fuego) y Jenófanes (tierra).

246 Agradezco a Cristina Deniz, conservadora del museo, la información facilitada.

247 Nacido de la unión de la Tierra con Tártaro, es el ser más gigantesco de la mitología clásica; tenía alas y de sus ojos despedía fuego. Derrotado por Zeus en

la isla de Sicilia, es sepultado bajo el monte Etna, de cuyas erupciones es el causante. La columna de humo negro que se ve al fondo del cuadro alude quizás a este hecho.

248 Cf. *Itineraria 2020-21*.

249 Agradezco al pintor la invitación que me hizo para ver su taller de trabajo y sus explicaciones.

250 Rey de Numidia y Mauritania (50 a.C.-23 d.C.), casado con Cleopatra Selene, hija de Cleopatra y Marco Antonio. De este personaje el pintor ha hecho varias versiones.

251 Respecto a la púrpura dice el pintor: "He jugado con la púrpura y su misterio histórico. La púrpura, que sitúa a las islas en el mapa, me permite retroceder aún antes de los años de la Conquista, abriendo diferentes maneras de mirar a los aborígenes canarios".

252 Cf. Martínez Sánchez 1995: 80-82.

253 Cf. Castro Borrego 1988.

254 Fulvia (77-40 a.C), conocida por su ambición política, se venga de Cicerón, de quien se le presenta su cabeza, atravesando con sus horquillas su lengua y ordenando que se exhiba junto a sus manos en el Foro romano. Su primer marido, Publio Clodio Pulcro, había tenido numerosos enfrentamientos con el orador. Posteriormente se casaría con Marco Antonio, que está presente también en el cuadro.

255 Hermano del varias veces presidente del Consejo de Ministros, Antonio Maura, amplió sus estudios en Roma gracias a una pensión que le concedió la Diputación Provincial de las Islas Baleares en 1878. En 1884 estuvo de nuevo en Roma, como pensionado de la Academia de España en Roma.

256 Amplió conocimientos en Roma a partir de 1905 y Nápoles, marchando después a París y Madrid.

257 Pintor flamenco, hijo menor de Pieter Brueghel el Viejo.

258 Guezala pensaba, como Paul Valéry, que el desnudo era lo más puro, limpio y bello entendiéndolo como arquitectura humana. Utiliza modelos isleños, tanto masculinos como femeninos. Desde joven Guezala mostró interés por el desnudo. Se conservan blocs de dibujos fechados en 1920 durante su etapa madrileña (se matriculó en la Escuela Superior de Bellas Artes), realizados en el estudio de José Aguiar. En 1959 envía *La siesta* (1951, colección Guezala de Santa Cruz), otro desnudo, a la exposición "Las Islas Canarias" de París; la implacable luz del sol es la protagonista de la composición; las cuatro mujeres, en actitud indolente, descansan sobre paños de colores vivos.

259 Tres mujeres exponen sus cuerpos al aire fresco del mar. La muchacha de primer término, de rasgos juveniles y formas muy bellas, permanece en actitud relajada con los ojos cerrados, recostada sobre unos paños. En un plano más alejado hay otras dos muchachas conversando entre sí. Cf. Trujillo La-Roche 1992: 43-44.

260 Obtuvo el premio Don Luis de la Cruz. Se podría entender como una versión propia del Jardín de las Hespérides. El escorzo del primer término es uno de los más bellos desnudos de Guezala. La fascinación por la belleza de la mujer joven es una de las constantes de su pintura. Cf. Trujillo La-Roche 1992: 44.

261 En su biblioteca se conserva un volumen monográfico muy consultado de Verónés. Cf. Trujillo La-Roche 1992: 43.

262 Así llama Guezala a la mujer campesina, tanto adolescente —en su mayoría— como anciana, a la que representa en actitud de posar para el artista, con mirada absorta, sosteniendo un objeto o un animal, con un paisaje de fondo. Cf. Trujillo La-Roche 1992: 47-69

263 Cf. Navarrete Orcera 2017a: 432-434.

264 Hijos de Zeus y Leda y hermanos, por tanto, de Helena y Clitemnestra. Cástor destacaba en el manejo de las armas y la doma de los caballos, y Pólux en el pugilato. Nunca rivalizaron entre sí, como otros mellizos, apareciendo siempre juntos en las distintas hazañas que le atribuye la tradición.

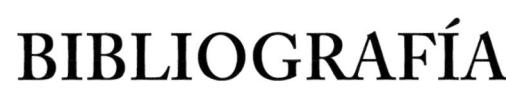

BIBLIOGRAFÍA

ABAD, Ángeles, *José Aguiar* [Biblioteca de Artistas Canarios, n. 4], Santa Cruz de Tenerife, Gobierno de Canarias, 1991.

ALEMÁN HERNÁNDEZ, Saro, *El pintor Néstor Martín Fernández de la Torre (1887-1938)*, Las Palmas, Cabildo Insular de Gran Canaria, 1991.

—, *Las Palmas de Gran Canaria. Ciudad y arquitectura (1870-1930)*, Las Palmas de Gran Canaria, Cabildo de Gran Canaria, 2008.

ALEMÁN HERNÁNDEZ, S. & MARTÍN HERNÁNDEZ, M.J., *Guía del Patrimonio Arquitectónico de Arucas*, Ayuntamiento de Arucas, 1994.

ALEMANY, Luis, *El Teatro en Canarias. Notas para una historia*, Santa Cruz de Tenerife, Ayuntamiento de Santa Cruz de Tenerife, 1986.

ALMEIDA CABRERA, Pedro Juan, *Néstor (1887-1938). Un canario cosmopolita*, Las Palmas de Gran Canaria, Real Sociedad Económica de Amigos del País, 1987.

—, *Guía breve del Museo Néstor*, Las Palmas de Gran Canaria, Ayuntamiento de Las Palmas de Gran Canaria, 1988.

—, *Néstor Martín Fernández de la Torre* [Biblioteca de Artistas Canarios, n. 3], Santa Cruz de Tenerife, Gobierno de Canarias, 1993.

—, *Néstor y el mundo del teatro*, Las Palmas de Gran Canaria, Patronato del Museo Néstor, 1995.

ALLEN HERNÁNDEZ, Jonathan & CASTRO BORREGO, Fernando, *La modernidad y las vanguardias en Canarias 1900-1939* [Historia Cultural del Arte en Canarias, t. VII], Santa Cruz de Tenerife-Las Palmas de Gran Canarias, Gobierno de Canarias, 2008.

ALLOZA MORENO, Manuel Ángel., *La Pintura en Canarias en el siglo XIX*, 2 vols., Tesis doctoral, La Laguna, Universidad de La Laguna, 1974.

—, "La Pintura del siglo XIX en Canarias", en *Noticias de la Historia de Canarias*, Madrid, 1981, t. III, 275-290.

—, *G. Méndez: Manuel González Méndez* [Biblioteca de Artista Canarios, n. 6], Santa Cruz de Tenerife, Gobierno de Canarias, 1991.

ALONSO, María Rosa, "Índice cronológico de pintores canarios. II. Rectificaciones y adiciones", *Revista de historia* 72 (1945) 446-461.

ARANDA MENDÍAZ, Manuel, "El edificio de la Sociedad Gabinete Literario", *Aguayo* 154 (1984).

—, *Gabinete Literario. Arte e historia*, Las Palmas de Gran Canaria, Cabildo Insular de Gran Canaria, 1994.

ARIAS DE COSSÍO, Ana María, *La obra de Mariano de Cossío, 1890-1960*, Junta de Castilla y León, Concejalía de Cultura, 1993.

BOZAL, Valeriano, *Pintura y escultura españolas del siglo XX (1939-1990)* [*Summa Artis. Historia General del Arte*, vol. 37], Madrid, Espasa-Calpe, 1999.

CALERO RUIZ, Clementina, *Luján* [Biblioteca de Artistas Canarios, n. 1], Santa Cruz de Tenerife, Viceconsejería de Cultura y Deportes, 1991.

CALERO RUIZ, C. & QUESADA ACOSTA, A.M., *La escultura en Canarias hasta 1900*, Santa Cruz de Tenerife, Centro de la Cultura Popular Canaria, 1990.

CALERO RUIZ, C. & CASTRO BRUNETO, C.J. & GONZÁLEZ CHAVES, C.M., *Luces y sombras en el siglo ilustrado. La cultura canaria del Setecientos* [Historia Cultural del Arte en Canarias, t. IV], Santa Cruz de Tenerife-Las Palmas de Gran Canaria, Gobierno de Canarias, 2008.

CASTRO BORREGO, Fernando, "Siglo XIX. Pintura", en *Historia del Arte en Canarias*, Las Palmas de Gran Canaria, Editorial Regional Canaria, 1982, 179-195.

—, *La pintura canaria del siglo XIX en el Museo Municipal de Bellas Artes de Santa Cruz de Tenerife*, Santa Cruz de Tenerife, Caja General de Ahorros de Canarias, 1988.

CASTRO BRUNETO, Carlos Javier, "Juan de Miranda, pintor del siglo XVIII", en Calero Ruiz & Castro Bruneto & González Chaves, 2008, 215-228.

CASTRO MORALES, F. & PERALTA SIERRA. & QUESADA ACOSTA A.N., *Tradición y experimentación plástica. Dinámicas artísticas 1939-2000* [Historia Cultural del Arte en Canarias, t. VIII], Santa Cruz de Tenerife-Las Palmas de Gran Canaria, Gobierno de Canarias, 2008.

CIORANESCU, A., *La Laguna. Guía histórica y monumental*, La Laguna, 1965.

COBIELLA HERNÁNDEZ, Manuel, "La Laguna y su patrimonio: la Casa de Ossuna", *Cartas diferentes. Revista Canaria de Patrimonio Documental* 7 (2011) 293-307.

CONCEPCIÓN RODRÍGUEZ, José, *Patronazgo artístico en Canarias durante el siglo XVIII*, Las Palmas de Gran Canaria, Cabildo Insular de Gran Canaria, 1995.

CRESPO DE LAS CASAS, Carmen Nieves, "Nuevas aportaciones al conocimiento del pintor José Aguiar", en *Homenaje a Alfonso Trujillo*, 2 vols., Santa Cruz de Tenerife, Aula de Cultura del Exmo. Cabildo Insular de Tenerife, 1982, v. I, 203-239.

DARÍAS PRÍNCIPE, Alberto, *Arquitectura y arquitectos en las Canarias Occidentales (1874-1931),* Santa Cruz de Tenerife, Caja General de Ahorros de Canarias, 1985.

—, *Arte e historia en la sede del Parlamento de Canarias*, Santa Cruz de Tenerife, Gobierno de Canarias, 1986.

DARÍAS PRÍNCIPE, A. & GARCÍA DE PAREDES PÉREZ, E.A., "Arquitectura, Urbanismo y Plástica", en *La Gran Enciclopedia temática e ilustrada de Canarias*, La Laguna, Centro de la Cultura Popular de Canarias, 1999, 306-329.

DÍAZ FRÍAS, Nelson, *La historia de Adeje*, Adeje, Centro de la Cultura Popular Canaria, 1999.

DÍAZ PÉREZ, Ana María, "La Capitanía General de Canarias", en *IV Coloquio de Historia Canario-Americana (1980)*, Las Palmas de Gran Canaria, Cabildo de Gran Canaria, 1982, 671-708.

FRAGA GONZÁLEZ, Carmen, *Las plazas de Santa Cruz de Tenerife*, La Laguna-Tenerife, Instituto de Estudios Canarios, 1973.

—, *La arquitectura neoclásica en Canarias*, Santa Cruz de Tenerife, Aula de Cultura del Cabildo de Santa Cruz de Tenerife, 1976.

—, "Plazas de las Palmas", en *III Coloquio de Historia Canario-Americana*, 1978, t. II, 297-316.

—, *Arte Barroco en Canarias*, Santa Cruz de Tenerife, Editorial Interinsular Canaria, 1980.

—, "Don Juan Nepomuceno Verdugo Da-Pelo y la arquitectura neoclásica en Canarias", *Anuario de Estudios Atlánticos* 31 (1985) 565-596.

—, "Los modelos arquitectónicos", en *Canarias y América*, Madrid, 1988, 129-140.

—, *El arte en Canarias. Urbanismo y arquitectura anteriores a 1800*, Santa Cruz de Tenerife, Centro de la Cultura Popular Canaria, 1990.

—, *Gumersindo y Teodomiro Robayna* [Biblioteca de Artistas Canarios, n. 18], Santa Cruz de Tenerife, Gobierno de Canarias, 1993.

—, *Patrimonio arquitectónico y artístico de la Universidad de La Laguna*, Tenerife, Universidad de La Laguna, 1998.

—, *El arquitecto Manuel de Oraá y Arcocha (1822-1896)*, La Laguna, Instituto de Estudios Canarios, 1999.

—, "La pintura antes de 1900. Desarrollo histórico", en Hernández Socorro 2001, vol. I, 195-199.

FUENTES PÉREZ, Gerardo, *Canarias: el clasicismo en la escultura*, 2 vols., Santa Cruz de Tenerife, Aula de Cultura del Cabildo de Tenerife, 1990.

GALANTE GÓMEZ, Francisco José, *El ideal clásico. Arquitectura canaria (desde la segunda mitad del siglo XVIII hasta finales del siglo XIX)*, Las Palmas de Gran Canaria, Edirca Ediciones, 1989.

—, "La arquitectura canaria en el marco del Renacimiento en España", en *Jornadas Nacionales sobre el Renacimiento Español*, Pamplona, Universidad de Pamplona, 1991, 187-196.

—, "La arquitectura canaria a raíz de la conquista. La gestación de un lenguaje", *Almogaren* 9 (1992) 213-227.

—, "Los ideales y la arquitectura: los teatros del siglo XIX en Canarias", en *Homenaje al profesor Dr. Telesforo Bravo*, 2 vols., La Laguna, Universidad de La Laguna, 1991, v. II, 249-265.

GALLARDO PEÑA, María, *El clasicismo romántico en Santa Cruz de Tenerife*, Santa Cruz de Tenerife, Aula de Cultura del Cabildo de Santa Cruz de Tenerife, 1992.

GASPARINI, Graciano, *La arquitectura de las Islas Canarias, 1420-1778*, Las Palmas de Gran Canaria, Armitano Editores, 1995.

GONZÁLEZ ZALACAÍN, Roberto J. & RODRÍGUEZ MORALES, Carlos (eds.), *Los patrimonios de La Laguna*, La Laguna, Tenerife, Instituto de Estudios Canarios, 2018.

HERNÁNDEZ GONZÁLEZ, M., *Biografía del vizconde del Buen Paso*, Santa Cruz de Tenerife, Cabildo Insular de Tenerife, 1989.

—, *La religiosidad popular en Tenerife durante el siglo XVIII (Las creencias y las fiestas)*, La Laguna, Universidad de La Laguna, 1990.

—, *Tenerife. Patrimonio Histórico y Cultural*, Madrid, Editorial Rueda, 2003.

HERNÁNDEZ GUTIÉRREZ, A. Sebastián, *Arquitectura empresarial e historia: mercados, tiendas, kioscos y hoteles en Gran Canaria*, Las Palmas de Gran Canaria, Cámara de Comercio, Industria y Navegación de Las Palmas, 1994.

—, "Arquitectos e Ingenieros ingleses en las Islas Canarias", en *Canarias e Inglaterra a través de la Historia*, Las Palmas de Gran Canaria, Cabildo Insular de Gran Canaria, 1995, 193-216.

—, *Arquitectura Naval en Canarias (1827-1919)*, La Laguna, Centro Internacional para la Conservación del Patrimonio, 1998.

HERNÁNDEZ GUTIÉRREZ, A.S. & GONZÁLEZ CHAVES, C.M., *Arquitectura para la ciudad burguesa. Canarias siglo XIX* [col. Historia cultural del arte en Canarias, t. VI], Santa Cruz de Tenerife, Gobierno de Canarias, 2009.

HERNÁNDEZ PERERA, Jesús, "Esculturas genovesas en Tenerife", *Anuario de Estudios Atlánticos* 7 (1961) 377-483.

—, "Arte", en *Canarias*, Madrid, Fundación Juan March-Editorial Moguer, 1984, pp. 290-304.

—, *Cinquecento y Manierismo en Italia*, Madrid, Historia Viva, 1999.

HERNÁNDEZ SOCORRO, María de los Reyes, *Manuel Ponce de León y la arquitectura de Las Palmas en el siglo XIX*, Las Palmas de Gran Canarias, Cabildo Insular de Gran Canaria, 1992.

—, "La pintura del siglo XIX: de la sacristía a los salones burgueses", en *Introducción al Arte en Canarias*, 3 vols., Las Palmas de Gran Canaria, Centro Atlántico de Arte Moderno, 1997, 23-40.

—, "La pintura del siglo XIX en Canarias", en VV. AA., *Gran Enciclopedia de "El Arte en Canarias"*, 1998, 385-424.

— (coord.), *Arte en Canarias (siglos XV-XIX). Una mirada retrospectiva*, 2 vols., cat. exp., Islas Canarias, Viceconsejería de Cultura y Deportes, 2001.

— [comisaria], *Un patrimonio por descubrir: bienes muebles del Ayuntamiento de Las Palmas de Gran Canaria* (cat. exp.), Las Palmas de Gran Canaria, Ayuntamiento, 2006.

HERNÁNDEZ SOCORRO, M.R. & LUXÁN MELÉNDEZ, S.D, "Catálogo anotado según inventario de la biblioteca de D. Manuel Ponce de León", *Anuario del Archivo Histórico Insular de Fuerteventura (Tebeto)* 1 (1988) 275-334.

HERNÁNDEZ SOCORRO, M.R. & LÓPEZ GARCÍA, J.S. & PÉREZ GARCÍA, J.M., *Un artista para una ciudad y una época. Manuel Ponce de León* (2 vols.), Las Palmas de Gran Canaria, Fundación Canaria Mapfre Guanarteme, 2004, 279-281.

HERNÁNDEZ SOCORRO M.R. & FUENTES PÉREZ, G. & GAVIÑO DE FRANCHI, C., *El despertar de la cultura en la época contemporánea. Artistas y manifestaciones culturales del siglo XIX en Canarias* [Historia cultural del arte en Canarias, v. V], Santa Cruz de Tenerife-Las Palmas de Gran Canaria, Gobierno de Canarias, 2009.

HERRERA PIQUÉ, Alfredo, "Arquitectura Neoclásica", en *Historia del Arte en Canarias*, Las Palmas de Gran Canaria, Editorial Edirca, 1982, 163-177.

—, "Arquitectura neoclásica en Gran Canaria", *Aguayro* 185 (1990) 21-29.

—, *Las Palmas de Gran Canaria. Patrimonio histórico y cultural de una ciudad atlántica*, Madrid, Mercurio, 2016.

Itineraria 2020-2021. Circuito de artes plásticas de Gran Canaria, Las Palmas, Cabildo de Gran Canaria, 2021.

JÁUDENES RUIZ DE ATAURI, Íñigo, *Estudio científico de la pintura mural al fresco de Mariano de Cossío. Aportaciones al conocimiento de los murales del siglo XX en Canarias*, 2 vols., Tesis doctoral, Santa Cruz de Tenerife, Universidad de La Laguna, 1999.

La Enciclopedia de la Literatura Canaria, La Laguna, Centro de la Cultura Popular Canaria, 2007.

La obra de Mariano de Cossío en las colecciones privadas canarias (exposición), La Laguna, Ayuntamiento de San Cristóbal de La Laguna, Concejalía de Cultura, 2007.

LÓPEZ GARCÍA, Juan Sebastián, "Arte del Renacimiento", en *Historia del Arte en Canarias*, Las Palmas de Gran Canaria, Editorial Edirca, 1982, 79-103.

—, *La arquitectura del Renacimiento en el Archipiélago Canario*, La Laguna, Instituto de Estudios Canarios-Cabildo de Gran Canaria, 1983.

—, "La villa de Betancuria, centro histórico de Fuerteventura", en *I Jornadas de Historia de Fuerteventura y Lanzarote*, Puerto del Rosario, Cabildo Insular de Fuerteventura y Lanzarote, 1987, t. II, 369-391.

—, "Núcleos antiguos de Fuerteventura y Lanzarote: análisis histórico, territorial y artístico", en *V Jornadas de estudio de Lanzarote y Fuerteventura*, Puerto del Rosario, Cabildo Insular de Fuerteventura y Lanzarote, 1993, t. I, 309-327.

—, "Patrimonio Histórico: Monumentos y conjuntos de Lanzarote y Fuerteventura", en *VI Jornadas de Estudio sobre Lanzarote y Fuerteventura*, Arrecife, Cabildo Insular de Lanzarote/Cabildo Insular de Fuerteventura, 1995, 465-495.

—, "Arquitectura del Renacimiento y del Barroco", en VV. AA. 1997, 22-37.

LÓPEZ GARCÍA, J.S. & CALERO RUIZ, C., *Arte, Sociedad y Arquitectura en el siglo XVII. La cultura del Barroco en Canarias* [Historia Cultural del Arte en Canarias, t. III], Santa Cruz de Tenerife-Las Palmas de Gran Canarias, Gobierno de Canarias, 2008.

LORENZO RODRÍGUEZ, Juan Bautista, *Notas biográficas de palmeros distinguidos*, Santa Cruz de la Palma, 1901 (reed. 1975).

LUQUE HERNÁNDEZ, Antonio, *La Orotava, corazón de Tenerife*, La Orotava, Ayuntamiento de La Orotava, 1998.

MÁRQUEZ QUEVEDO, Javier, "Arquitectura y poder local: los orígenes de la Comandancia de Marina de Las Palmas", *Vegueta. Anuario de la Facultad de Geografía e Historia* 8 (2004) 71-92.

MARTÍN GALÁN, Fernando, *La formación de Las Palmas: Ciudad y Puerto. Cinco siglos de evolución*, Las Palmas de Gran Canaria, Ayuntamiento de Gran Canaria, 1984.

MARTÍN RODRÍGUEZ, Fernando Gabriel, *Arquitectura doméstica canaria*, Santa Cruz de Tenerife/Cabildo de Tenerife, Aula de Cultura de Tenerife, 1978.

—, "La arquitectura del ayuntamiento de Las Palmas", en *III Coloquio de Historia Canario-Americana [1978]*, Las Palmas, 1980, v. II, 251-295.

—, "Un programa humanista en la fachada del Ayuntamiento de Santa Cruz de La Palma", comunicación presentada, pero no publicada, en el *IV Coloquio de Historia Canario-Americana*, Las Palmas de Gran Canaria, 1980.

—, "Poder y Alegoría: el Salón de Actos de Santa Cruz de Tenerife", en *Homenaje a Alfonso Trujillo*, 2 vols., Santa Cruz de Tenerife, Aula de Cultura del Excm. Cabildo de Tenerife, 1982, v. I, 531-553.

—, *Santa Cruz de La Palma. La ciudad renacentista*, Santa Cruz de Tenerife, Cepsa, 1995.

MARTÍNEZ DE LA PEÑA, Domingo, *El convento del Espíritu Santo de Icod*, Tenerife, Ayuntamiento de Icod de los Vinos, 1998.

MARTÍNEZ DE LA PENA, D. & ALLOZA MORENO, M.A., "La escultura canaria del siglo XIX", en VV. AA., *Noticias de la Historia de Canarias*, 3 vols., Madrid, Cupsa Edit., 1981, vol. III, 258-274.

MARTÍNEZ HERNÁNDEZ, Marcos, *Canarias en la Mitología. Historia Mítica del Archipiélago*, Tenerife, Centro de la Cultura Popular Canaria, 1992.

—, *Las Islas Canarias de la Antigüedad al Renacimiento. Nuevos aspectos*, La Laguna, Centro de la Cultura Popular Canaria, 1996.

—, *Las Islas Canarias en la Antigüedad Clásica. Mito, Historia, Imaginario*, La Laguna, Centro de la Cultura Popular Canaria, 2002.

MARTÍNEZ SÁNCHEZ, Juan J. *et alii*, *Ayuntamiento de la Villa de La Orotava. Cien años de historia*, La Orotava, Ayuntamiento de La Orotava, 1995.

MILLARES TORRES, Agustín, *Biografías de canarios célebres*, 4 vols., Las Palmas de Gran Canaria, 1977-1978.

MOFFIT, John F., "The *Eikones* of Philastratus and the "Image" of the Canary Islands in Classical Antiquity", en *Homenaje al profesor Dr. Telesforo Bravo*, La Laguna, Universidad de La Laguna, 1991, vol. II, 437-460.

MORANTE RODRÍGUEZ, M.J. & MATEO CASTAÑEYRA, L., "La pintura en Fuerteventura y su conservación", en VV. AA., *I Jornadas de Historia de Fuerteventura y Lanzarote*, Puerto del Rosario, Cabildo Insular de Fuerteventura, 1987, vol. II, 429.

NARANJO JIMÉNEZ, Pedro A., *La escultura urbana en Telde*, Telde, Ayuntamiento, 2005.

NAVARRETE ORCERA, Antonio Ramón, *La mitología en los palacios españoles*, Jaén, UNED, 2005.

—, *La mitología en los palacios italianos I. Italia del norte*, Madrid, Ediciones Clásicas, 2017.

—, *La mitología en los palacios italianos II. Italia central*, Málaga, Federación Andaluza de Estudios Clásicos, 2017.

—, *La mitología en los palacios italianos III. Italia central y meridional*, Málaga, Federación Andaluza de Estudios Clásicos, 2019.

NAVARRETE ORCERA, A.R. & GARCÍA NAVARRETE, M.A., *La mitología en el arte de Jerez de la Frontera*, Jerez de la Frontera, PeripeciasLibros, 2022.

NAVARRO ARTILES, Francisco, *Unamuno: Artículos y discursos sobre Canarias*, Puerto del Rosario, Cabildo Insular de Fuerteventura, 1980.

NAVARRO BETANCOURT, Sebastián M., *Escultura pública en Gran Canaria entre 1980-2010: recursos didácticos para la enseñanza de algunos procedimientos escultóricos usados en ellas*, Tesis doctoral, Las Palmas de Gran Canaria, Universidad de Las Palmas de Gran Canaria, 2012.

NAVARRO SEGURA, María Isabel, *La Laguna 1500: La ciudad-república. Una utopía insular según Las Leyes de Platón*, La Laguna, Ayuntamiento de San Cristóbal de La Laguna, 1999.

NUEZ CABALLERO, Sebastián de la, *Ensayos y documentos sobre Unamuno en Canarias*, La Laguna, Instituto de Estudios Canarios, 1999.

—, *Unamuno en Canarias. Las islas, el mar y el desierto*, La Laguna, Artemisa, 2010 (1964).

PAZ SÁNCHEZ, Manuel de & CASTELLANOS GIL, Juan M. (coords.), *La Laguna, 500 años de historia*, 4 vols., La Laguna, Ayuntamiento de La Laguna, 1998.

PÉREZ ALEMÁN, Antonio Bruno, *Las agonías insulares de Miguel de Unamuno. Edición anotada de sus textos sobre Canarias*, Las Palmas de Gran Canaria, Anroart, 2010.

PÉREZ GARCÍA, Jaime, *Casas y familias de una ciudad histórica: la Calle Real de Santa Cruz de La Palma*, Madrid, Cabildo Insular de La Palma-Colegio Oficial de Arquitectos de Canarias, 1995.

PÉREZ MORERA, Jesús, *Arte y sociedad en La Palma durante el Antiguo Régimen (1600-1773)*, 3 vols., Tesis doctoral, La Laguna, Universidad de La Laguna, 1993.

PÉREZ MORERA, J. & RODRÍGUEZ MORALES, C., *Arte en Canarias. Del Gótico al Manierismo* [Historia Cultural del Arte en Canarias, t. II], Santa Cruz de Tenerife-Las Palmas de Gran Canaria, Gobierno de Canarias, 2008.

PÉREZ REYES, Carlos, *Escultura canaria contemporánea (1918-1978)*, Madrid, Cabildo de Gran Canaria, 1984.

PICO, Berta, *La imagen mítica de Canarias en los relatos de viajeros franceses (siglos XV-XIX)* [Lección inaugural del curso académico 1999-2000], La Laguna, Universidad de La Laguna, 1999.

PILLOT, Gilbert, *El código secreto de la Odisea*, Barcelona, Plaza & Janés, 1976.

QUESADA ACOSTA, Ana María, *La escultura conmemorativa en Gran Canaria (1820-1994)*, Las Palmas de Gran Canaria, Ayuntamiento de Las Palmas de Gran Canaria, 1996.

—, "Escultura. Del neoclasicismo a realismo", en Hernández Socorro 2001, vol. I, 161-194.

RODRÍGUEZ-DÍAZ DE QUINTANA, Miguel, *Los arquitectos del siglo XIX*, Las Palmas de Gran Canaria, Colegio Oficial de Arquitectos de Canarias, 1978.

RODRÍGUEZ GONZÁLEZ, Gloria, *La iglesia de El Salvador de Santa Cruz de La Palma*, Madrid, Excmo. Cabildo Insular de La Palma, 1985.

RODRÍGUEZ GONZÁLEZ, Margarita, *La pintura en Canarias durante el siglo XVIII*, 2 vols., Tesis doctoral, Madrid, Cabildo Insular de Gran Canaria, 1986.

—, *El pintor Juan de Miranda (1723-1805)*, Las Palmas de Gran Canaria, Cabildo de Gran Canaria, 1990.

—, *Juan de Miranda* (cat. exp.), Santa Cruz de Tenerife, Caja General de Ahorros de Canarias/Ayuntamiento de La Laguna, 1994.

RODRÍGUEZ GONZÁLEZ, M. & HERNÁNDEZ SOCORRO, M.R, *La pintura en Canarias hasta 1900*, Santa Cruz de Tenerife, Centro de Cultura Popular Canaria, 1991.

RODRÍGUEZ MOURE, José, *Guía histórica de La Laguna*, Madrid, Artemisa Ediciones, 2006 (1935).

RODRÍGUEZ YANES, José Miguel, *La Laguna durante el Antiguo Régimen. Desde su fundación hasta finales del siglo XVII*, La Laguna, 1997.

SANTANA RODRÍGUEZ, Lorenzo, "La portada principal de la iglesia de El Salvador de Santa Cruz de La Palma: obra de Miguel Antunes", en *Anuario del Instituto de Estudios Canarios* 49 (2004-2005) 321-326.

—, "Alonso Fernández, un pintor de lo profano" *Anuario de Estudios Atlánticos* 51 (2005) 477-484.

SOLA ANTEQUERA D. & CALERO RUIZ, T., "*Speculum antiquitatis*. El gusto por la antigüedad en la plástica canaria del siglo XVIII", en *XV Coloquio de Historia Canario-Americana*, Las Palmas de Gran Canaria, 2004, 1577-1588.

SUÁREZ NAVARRO, María Luisa, "Estudio iconográfico de la cubierta de estilo portugués en la Capilla de los Dolores de Icod de los Vinos (Tenerife)", en *Homenaje al Profesor Fernández Perera*, Madrid, Universidad Complutense/Comunidad Autónoma de Canarias, 1992.

TARQUIS RODRÍGUEZ, Pedro, "Diccionario de arquitectos, alarifes y canteros que han trabajado en las Islas Canarias (siglo XVI)", en *Anuario de Estudios Atlánticos* 10 (1964) 417-544.

—, "Diccionario de arquitectos, alarifes y canteros que han trabajado en las Islas Canarias (siglo XVII)", en *Anuario de Estudios Atlánticos* 11 (1965) 233-402.

—, "Diccionario de arquitectos, alarifes y canteros que han trabajado en las Islas Canarias (siglo XVIII)", en *Anuario de Estudios Atlánticos* 12 (1966) 361-528.

—, "Diccionario de arquitectos, alarifes y canteros que han trabajado en las Islas Canarias (siglo XIX)", en *Anuario de Estudios Atlánticos* 13 (1967) 487-680.

—, "Diccionario de arquitectos, alarifes y canteros que han trabajado en las Islas Canarias (siglo XIX, conclusión)", en *Anuario de Estudios Atlánticos* 16 (1970) 169-284.

—, "Biografía del escultor Fernando Estévez (1788-1854), *Anuario de Estudios Atlánticos* 24 (1978) 541-594.

TAVIO DE LEÓN, María Dolores, "La Capilla de los Dolores de Icod", *Almogaren* 8 (1991) 167-175.

TEJERA QUESADA, Santiago, *Los grandes escultores. Estudio histórico-crítico-biográfico D. José Luján Pérez*, Madrid, Imprenta Hispano-Alemana, 1914.

TORRES EDWARDS, Alfredo de, *La pintura en Canarias*, La Laguna, Instituto de Estudios Canarios, 1942.

TORRES RAMOS, Pablo Domingo, *Guía del centro histórico de la Villa de La Orotava*, La Orotava, Ayuntamiento de La Orotava, 2004.

TROYANO VIEDMA, José Manuel, "D. Luis de la Cueva-Benavides y Manrique de Lara-Mendoza (1528-1598)", *Boletín. Instituto de Estudios Giennenses* 208 (2013) 45-118.

TRUJILLO LA-ROCHE, Pilar, *Guezala. Pedro de Guezala* [Biblioteca de Artistas Canarios], Santa Cruz de Tenerife, Gobierno de Canarias, 1992.

TRUJILLO RODRÍGUEZ, Alfonso, *Visión artística de la Villa de La Orotava*, La Orotava, Ayuntamiento de La Orotava, 1978.

VIERA Y CLAVIJO, José de, *Noticias de la historia general de las islas Canarias*, 2 vols., Santa Cruz de Tenerife, Goya, 1967 [Madrid 1772-1783, 4 vols.].

VIZCAYA CARPENTER, Antonio, "Textos históricos perdidos", *El Museo Canario* 75-76 (1960) 385-404.

VV. AA., *Noticias de la Historia de Canarias*, 3 vols., Madrid, Cupsa Edit., 1981.

VV. AA., *Arquitectura Teatral en España*, Madrid, Dirección General de Arquitectura y Vivienda, MOPU, 1984.

VV. AA. *Guía del Parque Municipal García Sanabria*, Santa Cruz de Tenerife, Ayuntamiento, 1994 (1978).

VV. AA., *Introducción del arte en Canarias. Arquitectura*, Las Palmas de Gran Canaria, Centro Atlántico de Arte Moderno/Cabildo de Gran Canaria, 1997.

VV. AA., *Gran Enciclopedia de El arte en Canarias*, Tenerife, Centro de la Cultura Popular Canaria, 1998.

VV. AA., *La pintura del siglo XIX en las colecciones canarias. Los cimientos de la modernidad*, Cabildo de Gran Canaria, Casa de Colón, 2000.

VV. AA., *La Casa Montañés, sede del Consejo Consultivo de Canarias*, Comunidad Autónoma de Canarias, Consejo Consultivo de Canarias, 2005.

VV. AA., *Guía del Patrimonio Arquitectónico de Gran Canaria*, Las Palmas de Gran Canaria, Cabido Insular de Gran Canaria, 2005.

VV. AA., *Luján Pérez y su tiempo* (cat. exp.), Islas Canarias, Gobierno de Canarias, 2007.

VV. AA., *Arte contemporáneo en Canarias. Una visión más*, 3 vols., Las Palmas de Gran Canaria, Fundación Mapfre Guanarteme, 2008.

VV. AA., *La sede del Consejo Consultivo de Canarias*, Islas Canarias, Consejo Consultivo de Canarias, 2011.

VV. AA.., *XVIII Simposio sobre centros históricos y Patrimonio Cultural de Canarias*, La Laguna, CICOP, 2015.

VV. AA., *Sacra Memoria. Arte religioso en el Puerto de la Cruz*, Puerto de la Cruz, Ayuntamiento, 2021.

ÍNDICE DE PERSONAJES

PERSONAJES MITOLÓGICOS

PERSONAJES ALEGÓRICOS

PERSONAJES HISTÓRICOS

PERSONAJES ABORÍGENES

ÍNDICE DE ARTISTAS

ARQUITECTOS

ESCULTORES

PINTORES

ÍNDICE DE EDIFICIOS

FUERTEVENTURA

GRAN CANARIA

TD-10